JN035900

「仮面」に魅せられた男たち

牧村康正

協力　山田哲久

講談社

「仮面」に魅せられた男たち　目次

第三章　特美《とくび》の名指揮者《マエストロ》と天才造形家《ジーニアス》

第六章　ハードボイルド・アクション

第七章　変身ゴールドラッシュ

主要登場人物一覧

内田有作　東映生田スタジオ所長
内田吐夢　有作の父。『飢餓海峡』『宮本武蔵・全五部作』などを監督した巨匠
平山亨　仮面ライダーのプロデューサー。東大卒
三上陸男　仮面ライダーの美術スタッフ（マエストロ）
高橋章　仮面ライダーの美術スタッフ（ジーニアス）
伊上勝　仮面ライダーのメイン脚本家
井上敏樹　脚本家。伊上勝の息子。平成ライダーの脚本を執筆
藤岡弘　仮面ライダー1号・本郷猛役。現在の芸名は「藤岡弘、」
佐々木剛　仮面ライダー2号・一文字隼人役
千葉治郎　FBI特命捜査官・滝和也役。千葉真一の実弟
千葉真一　JAC（ジャパン・アクション・クラブ）代表
大野幸太郎　仮面ライダーのアクションを担当した大野剣友会の初代代表

岡田勝　現・大野剣友会代表

高橋和光　出版企画編集会社「TARKUS」社長。数々の仮面ライダー関連企画を手がける

村枝賢一　漫画家。オマージュ作品『仮面ライダーSPIRITS』を発表

渡邊亮徳　東映テレビ部幹部

田中利雄　『テレビマガジン』編集長

大島康嗣　講談社写真部カメラマン

円谷英二　円谷プロ創設者。「ウルトラマン」を手がける

石ノ森章太郎　仮面ライダー原作者

村上克司　玩具デザイナー。超合金シリーズを牽引

庵野秀明　『シン・仮面ライダー』監督・脚本

「仮面」に魅せられた男たち

「仮面は顔を覆う。そのことの意味は、変身である。
仮面によって人は、自らでないものに姿を変える。
それは神であったり魔であったり、動物や異界の存在であって、
人は仮面を付けることによって、
その瞬間に、非日常的な他の世界に転移し、
たちまち他の存在へと転位する」
（「インドの仮面―異界への飛翔」小西正捷「アジアの仮面」廣田律子・編より）

序章

『シン・仮面ライダー』と五十年前の「アジト」

およそ五十年前の話である——。

その日、小学五年生の庵野秀明《あんのひであき》は初めてライダーキックを見た。

空中高く舞い上がった異形のヒーローが一撃で敵を粉砕する。

少年の記憶に長く残る映像だった。

「ライダーキックのビジュアルは、スペシウム光線に対抗できるインパクトがあったんですよ。あんなの見たことなかった」（庵野秀明）

昭和、平成、令和と時代が進んだ二〇二一年四月三日、庵野秀明はみずから脚本・監督をつとめる映画『シン・仮面ライダー』の制作発表に臨み、次のようなメッセージを寄せた。

「五十年前にテレビ番組から受けた多大な恩恵を、五十年後に映画作品という形で少しでも恩返しをしたいという想いから本企画を始めました。本企画は、子供の頃から続いている大人の夢を叶える作品を、大人になっても心に遺る子供の夢を描く作品を、石ノ森章太郎先生と東映生田スタジオが描いていたエポックメイキングな仮面の世界を現代に置き換えた作品を、そして、オリジナル映像を知らなくても楽しめるエンターテインメント作品を、目指し、頑張ります」

ここで取り上げられた東映生田スタジオは、これまでマニアの間でこそ有名だったものの、公式の場でスポットが当たることはなかった。

庵野が日陰の存在だった東映生田スタジオを知るまでの経緯はあらためて後述するが、いままも『仮面ライダー』の初期作品を定期的に見直すという庵野にとって、そこはかけがえのない

〝聖地〟なのである。『仮面ライダー』の放映開始から五十年を経て、第一話の撮入日（撮影開始日）に当たる二月七日には、東映生田スタジオの跡地を〝お参り〟したと発表している。

庵野が限りなくリスペクトするヒーロー誕生の地、東映生田スタジオとはどんな場所だったのか——。

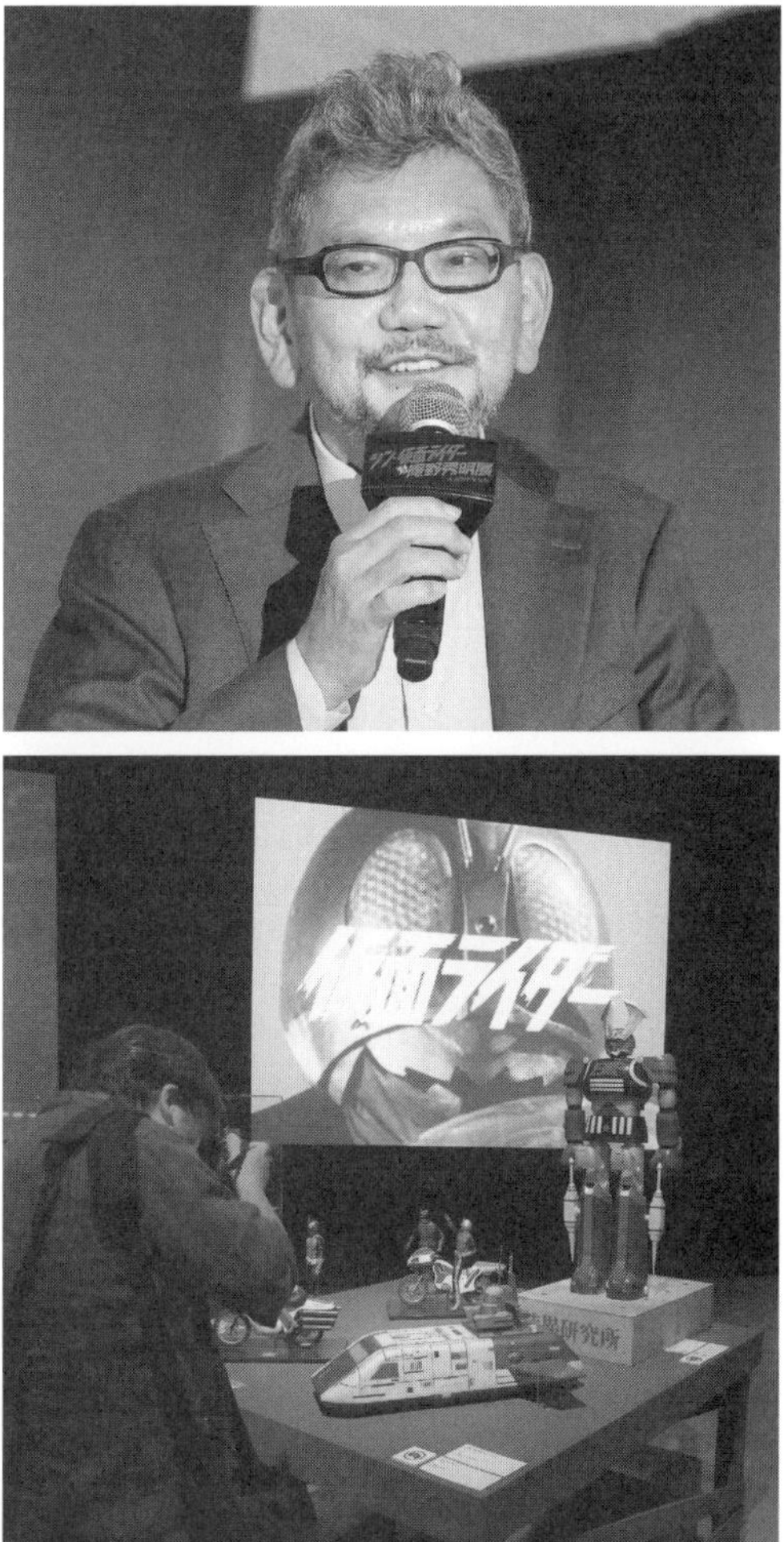

2021年９月30日。『シン・仮面ライダー』につき記者会見した庵野秀明氏（上下とも、写真提供：共同通信社）

ありていにいえば、そこは聖地のイメージとは裏腹に、地獄の軍団ショッカー並みにふてぶてしいスタッフが寄り集まる〝アジト〟だった。アジト（アジテーティング・ポイント）とは、本来は非合法活動家や犯罪者の隠れ家を意味する。東映生田スタジオが本物のアジトでなかったのはもちろんだが、それらしい要素は十分にあった。

いうまでもなく、ショッカーは仮面ライダーに敵対する悪の象徴である。したがって悪人を本物らしく演じる役者は撮影に不可欠だった。ところが現場スタッフのなかには、実際に指をつめた元ヤクザ、刺青を彫り込んだ元自衛官、前科者、さらには使い込みがばれて逃亡中のノミ屋までいた。さながら実録ヤクザ映画を思わせる本物の悪役が、生田スタジオには何人も入り込んでいたのである。

日本を代表する映画会社の撮影所に、なぜこのようなスタッフが集まっていたのか。そのいきさつをたどっていくと、戦前から戦後にまたがるエンターテインメント業界の裏面史が鮮やかに浮かび上がってくる。

ここで一点だけふれておけば、生田スタジオは仕事の腕さえあれば本人の過去や素性を問わない解放区の側面と、映画界の就職難民を収容する救済地の側面があった。そして、このようないわくつきのスタッフを平然と受け入れるところが生田スタジオの大らかさであり、東映の社風に根ざした野性味である。

もっとも、東宝や松竹との違いを語る以前に、東映の歴史のなかでもかなり異色のスタジオではあった。岡田茂（元東映社長、一九七一年就任）が映画づくりで重視した〝不良性感度〟の基準で評価すれば、生田スタジオのスタッフは特待生といえるほど不良性感度良好だったのである。

生田スタジオの猛者《もさ》たちをたばねていたのは初代所長・内田有作《ゆうさく》である。そしてまたこの男も、なにかしら危険な臭いを振りまいていた。

生田スタジオで初めて映画界に入り新人助監督になった山田哲久《やまだてつひさ》はこう語る。

「有作さんは、映画でも使えそうな二枚目のヤクザという感じですね。長身で体もがっしりしているうえに、所内を雪駄で歩き回ったりするから目立つんですよ。それでいてざっくばらんですから、子役のお母さんなんかにはちょっと騒がれていましたた」

その独特の存在感は誰しも認めるが、折り目正しい管理職とは誰も思わない。それが内田有作である。しかし、この男以外に生田で所長の役目がつとまるものはいなかった。たとえば『仮面ライダー』を企画面で主導し、東映の特撮黄金時代をきずいた平山亨《とおる》プロデューサーも、当然ながら生田には足繁く通っていた。しかし現場からは〝本社の人〟と見なされ、身内意識はあまり持たれなかった。生田の顔、生田の主は、やはり内田有作なのであった。

やや乱暴なたとえでいえば、生田スタジオは内田有作親分が身を賭して切り拓いた縄張りであり、その功績は誰もが認めるところだった。したがって上部組織に当たる東映本社も、この男に生田の仕切りを任せるよりほかなかったのである。

つけくわえておけば、『仮面ライダー』制作陣の表の顔は、やはり平山亨である。内田有作は裏の顔といってさしつかえない。このふたりはともに東映京都撮影所でキャリアをスタートさせており、平山亨が年齢では五歳上、東映入社は三年早い。人間としての持ち味はじつに対照的なふたりだが、生田での出会いが幸運を呼んだことはたしかである。

なお、内田有作の父親は『飢餓海峡』、『宮本武蔵・全五部作』、『大菩薩峠・全三部作』などを撮った内田吐夢《とむ》監督である。とくに作品数の多い東映ではまさに〝天皇〟として崇拝される巨匠だった。有作はその血筋ゆえに〝東映のサラブレッド〟を自任していたが、じつのところ吐夢は有作に輪をかけた荒馬で、変わり種が多い戦前の映画人のなかでもとびきり波乱万丈の人生を送っている。その意味では、同じく数奇な人生を歩んだ有作が親の血を色濃く受け継いだことは間違いない。

この親子が共同で取り組んだ『飢餓海峡』も、やはりただごとではすまなかった。詳しくはのちにふれるが、上映時間の調整をめぐり、吐夢・有作親子と東映首脳陣が大喧嘩を演じるのである。この事件で責任を問われた有作は長らく制作現場を追われる羽目におちいり、やがて〝ジャリ番軍団〟を率いて生田へ向かうことになった。

一九七〇年代に育った子供たちにとって、テレビはまさに宝の箱だった。そして箱のなかのとっておきの宝物が、特撮番組やアニメ番組などのジャリ番だったのである。その反面、ジャリ番は子供番組の蔑称であり、当時のテレビ関係者にとって子供番組担当という肩書はあまり誇れるものではなかった。しかし『仮面ライダー』に熱狂する子供たちは、〝変身ブーム〟によってテレビ界に莫大な富を運んできてくれることになった。とりわけ予算不足に苦しむ特撮担当者にとって、それは願ってもない干天の慈雨だった。

富の分配は一時的なもので終わったわけではない。たとえば庵野秀明は、二〇一六年の『シン・ゴジラ』（総監督・脚本・編集を担当）、二〇二二年の『シン・ウルトラマン』（企画・脚本を担当）というリメイク作品で大ヒットを飛ばしている。

この事実は、庵野の人気と力量を示すものであると同時に、五十年以上前に誕生したヒーローへの憧れを、いまだに多くのファンが共有していることの表れでもある。そしてこのふたつの作品は、停滞する日本映画界の救世主になった。さらに、出版界やおもちゃ業界でも、かつてのヒーローはいまだに十分稼げるコンテンツであり続けている。

この五十年の間、仮面ライダーは不滅のヒーローの座を保ってきた。短期間で消えていったヒーローの膨大な数を考えれば、これは奇跡的なできごとだといっていい。

一方、その誕生の地である東映生田スタジオは跡形もなく消滅し、スタッフの多くはすでに他界している。スタジオの跡地に残されたものは、〝仮面ライダー誕生の聖地〟という称号だけである。

とはいえ、稼働期間にすればわずか八年の東映生田スタジオは、未来に多くの財産を残した。仮面ライダーをはじめ生田スタジオが生んだヒーローたちは、多くの子供たちの感性を刺激し、才能をはぐくんでいたのである。当時子供だった視聴者は七〇年代の特撮番組やアニメ番組から貪欲に滋養を吸収し、八〇年代以降、漫画、アニメ、ゲームなど、エンターテインメント分野の牽引者となった。かつて大人たちが映像業界での生き残りをかけ、悪戦苦闘のすえに生み出したジャリ番のエネルギーは、それほど強力だったのである。

こうした連鎖を考えれば、後年、内田有作が生田スタジオを「子供のための千年王国」と意味づけたことは、いちがいに馬鹿げた夢とかたづけるわけにはいかないのかもしれない。なぜなら人間の思考や感性は、さながらＤＮＡ（遺伝子情報）のごとく、各世代に否応なく受け継がれていくものだからである。

もちろん生田スタジオのスタッフも、そのほかのジャリ番スタッフも、五十年後の未来など考えてもみなかったはずである。現場スタッフの大半はどうしたら今日の仕事をこなせるかと考え、現場管理者はどうやって明日の仕事をやりくりしようかと考えていたのである。

映画不況のさなか、まさに自転車操業のような状態で生み出されたジャリ番が、半世紀にもわたって子供たちの夢をはぐくみ、多くの才能を育てたのだと知ったら、当時のスタッフたちはどういう感慨を抱くだろうか。

「五十年前にテレビ番組から受けた多大な恩恵」に感謝し、「映画作品という形で少しでも恩返しをしたい」という庵野の言葉をどう聞くだろうか――。

本書では、おもに昭和の『仮面ライダー』を題材とし、番組の送り手側だった東映生田スタジオの歩みと、受け手側だった子供たちの歩みを、できる限り重ね合わせて描くよう意図している。

本書に登場する〝七〇年代の子供たち〟は現在も第一線で活躍するクリエイターたちだが、年齢的にはすでに還暦を迎えようとしている。そしてかれらは、子供のときに見たテレビの影響がいかに大きかったかを自覚している。七〇年代の子供たちが成長する過程で、『仮面ライダー』はかれらにどんな夢や希望を抱かせ、あるいは人生にどんな転機をもたらしたのか――。

プロローグとして、それぞれのライダーを振り返ってもらう（各証言者の詳しいプロフィールは後述する）。

「小学五年生の当時、ライダーには本格的にはまっていましたね。ライダーごっこはやっていましたし、まわりのみんなもだいたいはまっていました。『仮面ライダー』はオープニングからしてやっぱりエポックだったんです。あんなにスピーディーでかっこいいものはなかった」（庵野秀明・監督、プロデューサー）

「やっぱりみんなヒーローものが好きなんだろうね。わかりやすいし。だけど、もともと仮面ライダーはショッカーがつくった改造人間でしょう。ショッカーにとってライダーは裏切り者であり逃亡者なんだよ。だから本当のライダーは根が暗いんだよね。ただし、敵に追われながらでも人々のために頑張る。マイナスの部分を抱えながらも人々のために尽くす。そういう姿勢がよか

ったんじゃないかな」（井上敏樹・脚本家）

「『仮面ライダー』は『ウルトラマン』にくらべれば、子供の目から見ても明らかに貧乏くさい印象でした。原っぱや造成地で変な格好をした人たちがドッタンバッタンやるわけですからね。ただそのぶん、『ウルトラマン』にはないリアリティーがあったんです。となりの街に行けばどこにでもありそうな場所が舞台なので、ライダーがそこにいるっていう感じがする。だから〝ごっこ遊び〟がはやったんじゃないかな。ウルトラマンだと脳内で山や街をつくらなきゃいけないけど、逆にライダーは街のそこらへんが舞台ですからね。その強さがすごくあったんじゃないかと思います」（野中剛《つよし》・玩具デザイナー、プランナー、イラストレーター）

「ゴジラは放射能のせいで生まれ、一方の仮面ライダーは改造人間。そこが強烈だった。子供にすれば改造されることの恐怖もあったけど、改造であんなスーパーパワーが手に入るんだ、という憧れみたいなものは当時ありましたね」（村上深夜・アニメ企画制作者、文芸ライター）

「ぼくは、『仮面ライダー』を撮っていた東映生田スタジオと同じ市内の川崎の出身なんですよ。撮影場所の長沢浄水場は遠足の行き先だったし、お化けマンション（鶴川団地）なんかは、その途中にバスで通るような場所でした。だからライダーが戦う場所は、日常の光景としてぼくのなかに入り込んでいたんです。ぼくにとっての生田スタジオは、夢をつむぐ梁山泊であり、夢

をつむぐ飯場だった、というイメージです」（高橋和光・出版企画編集会社「TARKUS《タルカス》」代表取締役）

「最初は暗くて恐かったですよ。一文字隼人《いちもんじはやと》（ライダー2号）が出てきて明るくなりましたけどね。怪獣好きはウルトラ派で、アクション好きはライダー派。ぼくのまわりでは半々という感じでしたね。だけど、ぼくらの年代でバイクに乗っている連中にとって、ライダーは絶対に外せません」（啓旨宏之《けいとら》・アニメ制作会社「アストロビジョン」代表取締役）

「とにかくすごいファースト・インプレッションでした。恐かったですよ。田舎だと街灯もなくて夜は暗いですからね。そのへんにショッカーがいるんじゃないかと。ショッカーも最初はマスクじゃなくてメイクでしたよね、口から出ていた牙が恐かった。

ぼくらの時代はちょうど塾ブームで、休み時間はカルビーの仮面ライダースナックについていたカードのお披露目会ですよ。学校でそんなことをしたら怒られるので、塾が子供たちのネットワークだったんです。ライダースナックのお菓子を捨てちゃう子供がいて問題になったでしょう。ぼくは友達が食べきれなかったスナックを段ボール箱で大量にもらったことがあるんです。あのお菓子の味が好きでしたから。でもだいぶ長い間ため込んでいたんでしょうね。どれも湿っていてヤバイ味になっていました」（楢崎哲朗・CG、デジタル映像制作会社「Q《キュー》」代表取締役）

「わたしは十九歳からアメリカに四年間留学していたんです。でもホームシックになって、父親がわたしを帰国させようとしたぐらいひどい状態でした。そのときに親しくしていた平山（亨、プロデューサー）さんから手紙をもらったんです。励ましというよりも愛の鞭でしたね。仮面ライダーはいつ殺されるかもしれないのに怪人と戦っている。ホームシックなんて、たんなる詩人の感傷だって。

そのとき、ほんとうに崖から足を踏み外しそうになって戦っている仮面ライダーの姿が浮かんできたんです。それから一日十六時間勉強して、大学院にも進みました。おかげで目標だった新聞記者にもなれたんです」（鈴木美潮《みしお》・読売新聞記者、日本特撮党党首）

「仮面ライダー体験は小学校五年生からです。厳密にいうと、佐々木剛《たけし》さんのライダー2号が登場した第十四話からですね。ぼくは石森ファンクラブに入っていたんですが、大学生でライダーのアトラクションショーに出たりしていたので、ちょっと変わり種ではあったんです。余興で〝ひとり仮面ライダーショー〟をやったら石ノ森章太郎先生が喜んでくれましてね。石森プロのマネージャーも三年やりました」（ショッカーO野《おおの》、本名＝大野浩・フリーライター、イベントプロデューサー等々）

「うちは床屋だったので、たまたまカラーテレビが入っていたんです。ライダー1号が暗くて恐いのは、白黒テレビだからという要素がけっこう大きくてね。それにライダー2号のほうがかっこいいってみんながいったのは、仮面や服に白い線が入ったから、やっとかたちを認識できたということです。

自分の幼少期の写真で変身ポーズを取っているのがありまして、ブリヂストンの自転車（ドレミサイクロン号）の横に風船の仮面ライダーがいて、となりにぼくが立っているんです。自転車を買ってもらったのかなあと思っていたら、自転車屋で写真を撮っていただけなんです。自転車がほしくて、ほしくてしょうがなかったから、写真を撮るだけでうれしかったんですね」（村枝賢一・漫画家）

「『仮面ライダー』がいまの自分にとってどんな存在かというと、カネがなくても時間がなくても、知恵と努力と根性で成立するものはあるぞ、といういい見本だと思っているんですよ。とくに第一話のときは、生田スタジオの照明もカメラも限定されて、ほとんどがロケシーンです。そんな状況に対して『キイハンター』を撮っていた竹本弘一監督が、逆にじゃあどうするか、と考えて新しい手法を編み出した。それが第一話の、アップ寄りのタイトなフレームのなかで絵をつくる方法。それとカット数をいっぱい撮って編集で短くつなぎ、早いテンポで見せる方法。そういう演出方法が第一話をつくったんですよね。

だからいまも自分にとって、これはどう考えても難しいな、という厳しい条件を目の前にしたときに、ライダーの第一話を見直すことが本当に多いんです。第一話のなかに叩き込まれている監督さんや役者さんたちの熱い思いが画面を通して感じられる。なにが参考になるかというよりも、やってできないことはないんじゃないか、と励みになるんですよ」（大畑晃一・アニメ監督、メカニックデザイナー）

以上の十人は、それぞれ幼稚園児あるいは小学生のときに仮面ライダーと出会い、将来を方向づける要素のひとつが仮面ライダーだった、という人たちである。かれらの証言は、昭和ライダーで育った読者諸氏に五十年前の記憶を喚起させる大きな助けになったのではないだろうか。また平成・令和のライダーファンにも、昭和ライダーが子供たちにとってどんな存在であったのか、理解を助けることになったはずである。

一九七〇年代の昭和ライダーと二〇二〇年代の令和ライダーでは、まったく別物といえるほど、設定、物語性、外形などのすべてが変化してきた。

ただし、クリエイターにとっての本質的な課題は五十年前も現在も変わらないはずである。つねにカネと時間はたりず、利益相反の人間関係に向き合いながら、困難は創意工夫で乗り切るしかない。大畑晃一の言葉を借りれば、その根源は知恵と努力と根性なのである。

かつて番組の受け手だったテレビ好きの子供たちは、どのような変遷をへてプロの送り手になったのか。一方、七〇年代当時のジャリ番スタッフはどんな状況に置かれ、なにを考えていたのか――。

昭和から令和にまたがるエンターテインメント・ヒストリーである。

本書は、著者・牧村康正と、協力・山田哲久の共作である。山田は一九七三年から七六年まで東映生田スタジオに在籍し、のちにアニメ界へ移った。その人脈をもとに山田が取材の交渉窓口となり、牧村と共同で取材を行った。著者として構成・執筆に当たってはできる限り慎重を期したが、本書の内容にかかわる責任はすべて牧村にあることをお断りしておく。登場人物の肩書や組織名は原則として記述する年代に応じて表記し、敬称は略させていただいた。

――庵野秀明氏の取材は、出渕裕《いづぶちゆたか》氏の同席のもと『シン・仮面ライダー』の撮影がほぼ終了に近づいた二〇二二年七月に行われた。

また、取材にご協力いただいた出版企画編集会社「ＴＡＲＫＵＳ」の社長・高橋和光氏が本書の刊行を待たずに逝去されました。謹んで哀悼の意を表します。

第一章
生田スタジオの懲りない面々

テレビに出せない男たち

「東映生田スタジオのことを、NHKの『プロジェクトX』がなぜ取り上げなかったのかなあと思いますよ。ぼくから見れば、変身ブームは東映の本流から外れた人たちの大逆転劇なんです。『仮面ライダー』という歴史的ヒット作を傍流の別動隊が撮っていた、というところが面白いんです。

円谷プロダクションは、円谷英二さん直系のエリートが集まっていたイメージですよね。みんな学歴もいいし、東宝の優秀なプロデューサーも入っていましたからね。

でも生田スタジオは違います。生田のスタッフは、東映という大組織の末端で使い捨て同然に働かされていたという意味で、『仁義なき戦い』にイメージがかぶるんです。あとは、日活ロマンポルノに通じる部分もありますよね。映画の斜陽化という逆境のなか、活動屋の意地を見せたという意味で」（村上深夜）

七一年、愛媛県生まれの村上深夜（真也）は、メディアミックス作品『ワールドウィッチーズシリーズ』や『デート・ア・シリーズ』などを手がけるクリエイターである。昭和ライダーは再放送であとから見た世代だという。

『プロジェクトX　挑戦者たち』（二〇〇〇〜〇五）は終戦から高度成長期にかけて、様々な社会的プロジェクトがいかに困難を克服しながら成功をつかんだか、その過程を描くドキュメンタリー番組である。番組の主題歌「地上の星」（中島みゆき・歌）というタイトルが示すとおり、登場人物は仰ぎ見るような社会的成功者ではない。あくまでも現場を支えた無名の人々である。

村上が語る東映生田スタジオのとらえ方は、本筋において当たっている。スタッフは東映の本流にいる社員たちではなく、制作・演出グループはフリー（契約者）の一匹狼が大半だった。そのほかに呼び集められた技術系・美術系のスタッフも、映画不況で行き場をなくしかけた失業者予備軍である。とはいえそれぞれ腕はたしかであり、ひるむことなく逆境に立ち向かうタフな面々であった。したがって東映生田スタジオは無名の人々による成功譚の舞台であり、『プロジェクトX』の題材としてふさわしかったことは間違いない。

ところが、生田スタジオにはテレビに映されたら困るスタッフ、映像を撮ってもNHKでは放映できないスタッフも多々混じっていたのである。

そもそも生田スタジオは、外観だけを取り上げても「掘っ立て小屋だよ」（岡田勝・大野剣友会代表）といわれるようなありさまで、とても撮影所といえるような体裁を保っていなかった。

スタジオ開設直後に現場を訪れた助監督・高橋正治（のちに監督）はこう語る。

「駅からゆるい坂道をえんえんと歩いて行くとさあ、遠目からでもわかるわけですよ、汚い建物だというのは。助監督の長石多可男《たかお》（のちに監督）さんから『好き！　すき!!　魔女先生』を生田で一緒にやらないか、と誘われたから行ったんだけどね。やばいなあこれは、ここでユーターンすればまだ間に合うかなと――。

ただきすがにそうもいかないと思ってね。スタジオについたときは正直いってびっくりした。

ここがスタジオだなんていわれたときは、ええーっ、と思って。もうこの世の果てに来たなと。たまたまトイレに入ったらきったないしね」

初めて生田スタジオを見たものは、おおむね高橋と同様の感想を抱いたようである。こうした環境で『仮面ライダー』が撮影された理由は後述するとして、まずはどういった面々が生田に集まっていたのか、高橋の証言によって紹介する。

「生田スタジオにはある種のアナーキーさがあって、ヤクザで実際に住吉会にいた人や、小指のないカメラマンもいましたね。あとは詐欺師、オカマ、学生運動の活動家崩れ。それに刺青をした人なんかは生田だけじゃなくて大泉（東映東京撮影所、東京制作所）にもぞろぞろいましたよ」

なかでもきわめつけは、生田で助監督だった前川洋之だという。前川は大泉にいたころ、客から預かった賭け金の使い込みがばれて逃亡中のノミ屋だった。ほとぼりを冷ますために大泉から生田へ移り、スタジオ所長の内田有作にかくまわれていたのである。もし危ない筋の追っ手に捕まれば軽くても袋叩きだったはずの前川だが、その後に生田で監督昇進を果たし、『どっこい大作』『イナズマンF《フラッシュ》』などを撮っている。前川にとって生田スタジオはまさに本物のアジトだったわけである。

なんでもあり路線

映画会社にはそれぞれ社風がある。たとえば松竹の作品は撮影所の地名にちなんで大船調といわれる。これは小津安二郎や木下惠介のメロドラマに代表される路線である。六〇年代には大島渚、篠田正浩、吉田喜重らの松竹ヌーベルバーグが台頭したものの、以降は山田洋次の『男はつらいよ』などヒューマン路線が主流となった。

東宝は一連の黒澤明監督作品や『ゴジラ』などの骨太な大作路線に加え、加山雄三の『若大将シリーズ』など健全娯楽路線が持ち味だった。

それに対して東映は、時代劇、仁侠もの、実録ヤクザものなど、いわば〝切った張った路線〟のほかに、一時はポルノ路線、異常性愛路線なども積極的に手がけた。要するに〝なんでもあり〟の路線で、岡田茂社長の「不良性感度の高い映画しか観客は見ない」「監督、脚本家、プロデューサーはスケベなインテリに限る」という言葉にも東映の社風が表れている。

そうなると、東映が行儀のいいスタッフばかりの集団でなくなるのは当然である。そのうえ生田スタジオのスタッフは、各映画会社のはみ出し者が寄り集まった混成軍団であり、良くも悪しくもいっそうバラエティーに富んでいた。

以下、その具体例をアトランダムに紹介する。

助監督の萩谷泰夫は、新宿の酒場で某主演俳優と殴り合いの喧嘩をしている。萩谷は大学の落《おち》研《けん》（落語研究会）出身でスタッフからは〝三代目〟と呼ばれていたが、生田ではたまったストレスを発散させるためか深夜に食堂のガラスを叩き割るような物騒な一面も見せている。ふつうの撮影所なら助監督が主演俳優を殴れば即座にクビは飛ぶだろうが、なぜか萩谷のクビはつながり、そのうえスタッフにはたいそう好感を持たれていた。

進行主任の大竹昭男は元極東会（テキヤ系指定暴力団）のヤクザで、〝ヤクネタのタケ〟といえば当時でも新宿界隈で通用していたらしい。ただし断っておけば、この場合のヤクネタはヤクザ用語でいう〝厄ネタ〟すなわち〝ヤバイやつ〟の意味で、覚醒剤のことではない。天真爛漫な大竹はヤクザ出身であることを隠そうともせず、あちこちで業界ネタを披露する癖があった（ただし指はついていたらしい）。

助監督の高橋正治は大映出身のメーク担当・小山英夫と殴り合いになったが、その喧嘩を止めた進行主任・大里俊博はプロボクシングの元四回戦ボーイだった。大里は夜になるとスタジオの外でよくシャドーボクシングをしていたという。生田では大映出身グループと東映生え抜きグループの間に根深い対立があった（後述）。東映系の高橋は血の気の多い男だったが、仲裁役の大里はさらに上をいく殴り合いのプロだった。群雄が割拠する生田スタジオは、少なくともこういう点ではバランスが取れていたともいえる。

梅田味伸《みのる》は「この人の下につくと、ちゃんと段取りができているのか心配でしょうがなかった」（山田哲久）という助監督だが、高速道路をロケバスで走行中、いきなりドアを開けて路上に放尿したことがある。これはさすがに問題となり、梅田は所長の内田有作に激怒された。なお梅田はその後、郷里の秋田県能代市で市会議員に選ばれている。能代市民が梅田の放尿事件を知っていたかどうかは謎である。

カメラマン助手のキーちゃん（仮名）は、「酒とクスリで頭にきちゃって、その日に撮ったフィルムをぜんぶ引き抜いちゃった。まあ、しょうがないよね。京都（撮影所）から流れて来たのはそういうのが多いから」（進行主任・古泉《こいずみ》雅《ただし》）

――ここで紹介したスタッフはまだごく一部にしかすぎないが、要するに、東映生田スタジオにはあまり公共放送向きではない面々がそろっていたということである。

消えた助監督

六二年、神奈川県生まれの高橋和光は、出版企画編集会社「ＴＡＲＫＵＳ」の社長として数々の仮面ライダー関連企画を手がけた。高橋は東映生田スタジオの初代所長・内田有作を長年取材するなかで次のような話を聞いている。

「主演の藤岡弘さんが、撮影中にオートバイ事故（後述）で大怪我をしたときのことです。有作さんは酒をかっ食らいながらひと晩考えたあげく、四人の助監督を呼んで『本郷猛（藤岡が演じた主人公）がいなくても成り立つ話をつくれ』と命じた。助監督がそれぞれ自分の脚本案を提出して、そのなかで長石多可男さんの脚本だったらいける、と有作さんは判断したんですね。それで千葉治郎さんが演じるＦＢＩ特命捜査官・滝和也の登場になったわけです。さらに佐々木剛さんのライダー2号（一文字隼人）の登場にもつながるんですね。

そのとき、『脚本案を出さず、そのまま生田に顔を見せなくなった助監督がひとりだけいた。やつのことは買っていたのに残念だった』と有作さんはいうんです。消去法で考えれば工藤啓司（仮名）さんにまちがいないんですけど、なぜだか工藤さんのその後の消息を誰も知らないんですね。

有作さんにその話を聞いてからしばらくあとのことです。ぼくは代々木で知り合いと飲みながら、生田時代の有作さんの話をしていたんです。すると、斜め後ろに座っていた人が話しかけてきましてね。『おれはあのとき内田さんの下にいたよ』というんです。

話は断片的で、名前を聞いても本人は名乗ろうとしない。でも有作さんの話によれば、工藤さんには『柔道一直線』（『仮面ライダー』の前身となった番組）のころから助監督でちょくちょく参加してもらっていた、ということですから見た目は年齢的に合致する。話ぶりからも生田をよく知っている人だとわかりましたので、やっぱり工藤さんに間違いないんですよ。不思議な偶然があるものだなあと思いましたが、そのあと工藤さんを追いかけきれなかったことが、かえすがえす残念です」（高橋和光）

おそらく工藤はアイデアにつまって脚本が書けず、生田から姿を消したものと思われる。その間のできごとは、もちろん工藤にとって忘れ去りたい過去だったに違いない。しかし高橋和光たちの会話を聞き捨てにできず、工藤がみずから会話に加わってきたのは、やはり生田スタジオや有作の懐かしい思い出を語る誘惑に勝てなかったことになるだろう。

ちなみにフリーの映画関係者がいつのまにか姿を消している例は一般人の予想以上に多い。それほどフリーという立場は業界での生き残りが難しいのである。

この工藤啓司については高橋正治の証言もある。

「『柔道一直線』のチーフ助監督をやっていた工藤という人だけど、本名は中村とかいうんだよね。名前を変えてやっていたぐらいだから、あるところで悪いことをやっちゃって、フリーで仕事をできなくなった。それで有作さんが制作責任者になっていた『柔道一直線』に来たんですね。

まあ『柔道一直線』というグループのなかには、そういうたぐいの人もいたということ。ある意味では有作さんに救ってもらったということです。そういうことが内田一派の形成につながったというか、有作さんに恩義を感じていた人もけっこういたと思いますよ。

生田ではいろいろでたらめなことがあったんだけど、有作さんがそれを許容したという部分は認めなきゃいけないね。間違いなく清濁併せ呑んで、有作さんにしかできないやり方でスタッフをまとめていたんです」（高橋正治）

派閥抗争

生田スタジオが稼働したあとの話になるが、有作はまとまりのない混成軍団を統率するため、新しい体制づくりに着手している。「東京映像企画」という会社を立ち上げ、フリーランスの制作・演出スタッフをそこに所属させたのである。有作は、「生田スタジオをフリーの寄り合い所帯にはしたくない」（『KODANSHA Official File Magazine 仮面ライダー vol.1』）と意図を説明している。

続いて有作は撮影監督（撮影、照明など映画技術部門の最高責任者）の山本修右《しゅうすけ》にも同様の提案を伝え、「プロダクション・ショット」という会社を設立させた。この会社には大映から移ってきた技術系のスタッフが所属し、その後には、作品の録音・音響を手がける「映広音響」、装置担当の「生田美術」、車輌担当の「富士映画」、衣裳担当の「東京衣裳」が生田の関連会社に加わっている。

生田に集まった現場スタッフは、図式的に見れば東映系、旧大映系の二大派閥にわかれ、そのほか旧東宝系、旧日活系と見られる小グループもあった。ならば、有作と派閥トップとの〝ボス交〟でスタジオ運営ができるかといえば、そうはいかない。派閥はあってもそれぞれがわけありのフリーランサーであり、有作がかれらを個々にたばねるのは至難の業だった。多少なりとも組織だった運営をはかるためには、現場との間に管理会社を置くことが現実的な選択だったといえるだろう。なお、東京映像企画の初代社長にはフリーの契約監督・山田稔が就任し、二代目社長は有作の兄・内田一作《いっさく》がつとめている。

ただし、こうした体制づくりにどれほどのプラス効果があったのかは疑問である。なかには、東京映像企画は東映本社が送金した給料を中抜きするトンネル会社ではないか、と疑うスタッフもいたくらいなのである。フリーの一匹狼は、本能的に会社というものを収奪機関と考えるのかもしれない。

さらに、山本修右を中心とする大映系の技術スタッフと、『柔道一直線』を母体とする東映の制作・演出スタッフとの折り合いが悪かったことは有作も認めている。東映と大映の異文化の出会いは作品にプラス要素も生み出したが、現場では生々しい衝突も引き起こしていた。

有作の誘いで生田スタジオの進行主任をつとめていた古泉雅はこう語る。

「大映から来た篠原（征夫）っていうカメラマンがいまして、昼食のときに弁当を三個くらいそばに置いたんです。そうしたら篠原が『こんなメシが食えるか』って弁当をけっとばしたんですよ。こっちはもうカチーンときて、この野郎ぶっ殺してやろうと思ってね。事務所へ行って錐《きり》を手に布で巻きつけて、戻ろうとしたら篠原が謝りにきた。あれでもし謝りにこなかったら、表に行って絶対に刺していた」

さらに山田哲久はこうつけくわえる。

「当時は助監督や制作よりも、大映から来た撮影や照明のスタッフのほうが威張っていたんですよ。実際に映像を撮る立場ですからね。われわれは貧しかったから、あの弁当はありがたかったし、おいしかったんです。ご飯とおかずと二段にわかれていて、しかもロケ現場まで持ってきてくれるわけですよ。みんな大事にしていましたよね」

ここで話題になっている弁当が、生田スタジオ名物ともいえる〝ふくやの赤弁〟である。赤いプラスチック容器に入っていたためにこう呼ばれていた。同じようなおかずが続いて飽きてしまうスタッフも多く、〝猫またぎ（猫も食わずにまたいで通る）弁当〟とちゃかされてもいた。

しかし生田周辺は飲食店が少ないため、有作はとぼしい予算から弁当代を捻出し、毎日スタッフに配った。ときにはロケ先の三浦半島まで赤弁が届けられることもあった。この〝出前〟は往復でゆうに三時間を要しただろうが、ふくやの機動力はすでにウーバーイーツ並みだったのである。さらには、スタッフに飽きさせないよう、有作みずからふくやの主人とメニューの相談もしている。

こうした有作の配慮を理解している東映スタッフにとって、その弁当をけとばされることは殺意にもつながるような大事件だったのである。

山田哲久も大映出身グループとはまったくそりが合わなかったという。

「あのときは本当に、こいつらはなんでやたらと意気がっているのか、と思いましたよ。まあ、カメラマンはある程度頑固というか自己主張が強いものだけど、チーフ助手までがその気になっちゃった。かれらも助監督にはいろいろケチをつけやすかったんでしょう。たしかに労働条件はきつかったから八つ当たりなんでしょうけど、ひどく言い掛かりをつけられて、ぼくはその男の家に火をつけたいくらい憎んでいた時期がありますよ。あんなことは生田以外ではなかったですからね」(山田哲久)

大映出身グループにとって、東映生田スタジオは当然ながら〝アウェイ〟の現場である。しかも大映は五〇年代に『羅生門』(黒澤明・監督)、『雨月物語』(溝口健二・監督)、『地獄門』(衣笠貞之助《ていのすけ》・監督)、『山椒大夫』(溝口健二・監督)などで国際映画賞を次々に受賞した名門会社だった。大衆路線の東映より大映は格上だったと考えても不思議ではない。さらに大映グループからすれば、生田は東映の落ちこぼれ組が集まる吹きだまりと見なしていた節もある。その誇りと現実の落差が、かれらをいっそう好戦的にしたと見ていいだろう。

多種多様

有作としてはこうした不穏な空気を察しつつも、まずは撮影を滞りなく進めなければならなかった。そこで有作が七一年九月ごろに大泉から呼び寄せた人物がいる。制作主任の佐久間正光である。

佐久間は臨時雇いの大道具係から叩き上げた強面《こわもて》の社員で、有作とはなぜかウマが合い、しかも有作と同様に強硬な反組合派だった。したがって、有作のもとで現場を統率するにはうってつけの人物だったのである。

平山亭プロデューサーは、佐久間について自著でこう述べている。

「『曲がった事は大嫌いだ』

というのが口癖で、気にいらない事があると監督でも所長でも、

『トンカチどたまにぶちこんだろか』

と突っ掛る男だった」（『仮面ライダー名人列伝』）

テレビにせよ映画にせよ、撮影現場はむかしから荒っぽい力仕事の世界である。多くの人間を号令一下で動かすには、腕力も度胸も恫喝も必要なのである。たとえ表面的には穏やかな現場であったとしても、裏で誰かがにらみをきかせている。それが集団行動の鉄則である。

有作は自分を生田の親分、佐久間を若頭《わかがしら》（ヤクザ組織のナンバー2）に見立てていた。これが有作の統率術であり、その発想はじつに昭和的かつ東映的だったのである。ちなみに、重要場面における有作の決めゼリフは「おれの目を見ろ、なんにもいうな」だった。

佐久間のような叩き上げが東映の社員に多かった理由を、高橋正治が次のように解説する。
「東映というのは独特の会社で、上にいる人は超エリートです。会社の規模が大きいからそういう極端な上下構造になるのは当然ですね。そして現場のスタッフというのは、たとえば大道具をやっていた人とか、特機《とっき》（特殊な機械を扱う技術者）をやっていた人なんかを、みんな社員に引き上げていった時期があるんです」

佐久間正光が臨時雇いの大道具係から社員に登用されたのは、高橋が指摘した時期に当たる。なぜこのような人事が行われたのかといえば、大川博社長が六〇年に第二東映を設立し映画の量産体制に入ったからである。

六〇年当時の東映は他社にくらべて格段に興行実績がよく、大川社長はさらに差を広げようともくろんでいた。そしてそのさいに大量のスタッフを社員として採用し、組合も臨時雇いの社員化を後押ししている。しかしこの方針は映画の斜陽化が進んだことに加えて作品の粗製乱造という結果を招き大失敗した。まわったツケは当然ながら東映に禍根を残すことになる。
「それで大道具の人を畑違いの制作進行にまわすとか、ちょっとあり得ない人事も多かったんです。だから現場には本当にいろんなスタッフがいましたよ。

ぼくが東京制作所で『明智小五郎（「江戸川乱歩シリーズ　明智小五郎」）』の助監督をやっていたときの話です。現場つき大道具なんていう、いまじゃ考えられない役目の子がいたんです。たしか十七歳でした。この子はたんに現場で掃除や手伝いをするだけなんですけどね。当時は朝がどんなに早くてもロケは撮影所からの出発で、家に帰れない人は大泉の旅館に泊まって、撮影所の朝メシを食ってから出発していたんです。泊まりの夜は決まって麻雀です。ぼくがその十七歳の子を誘って打ち始めたら、浴衣からのぞいている肌が刺青だらけでね。まだ十七歳の子供ですよ。こりゃあすごいところへ来たなって思いましたよ」（高橋正治）

大川社長の方針により、東映は多種多様な社員やスタッフを抱え込むことになった。さらに東映はヤクザ映画も看板のひとつであり、当然ながら本職とのつきあいも欠かせなかった。刺青や元ヤクザを蔑視する社内文化はあまり育ちようがなかったに違いない。

しかし映画会社のなかでも異端と思われる東映において、さらに傍流にいる生田スタジオのスタッフが『仮面ライダー』を制作し、テレビ史上でも最大級のムーブメントとして記憶される変身ブームを生み出したことはたしかな事実なのである。

東映の三角マーク

高橋正治、山田哲久、伊東暉雄（制作担当）の三人は当時の生田スタジオを次のように振り返っている。

「ある意味、東映は映画の古きよき時代を引きずっていましたね。東映の三角マークはむかしから『義理欠く、恥かく、人情欠く』といわれていまして、その言葉どおりの体質だったんでしょうね。

小さなことですが、生田では酒屋で紙コップを買っても白身の領収証をもらわされましてね。精算をごまかすためですよ。酒屋も承知のうえだから、黙っていても白身のまま領収証をくれるんだけど、あれは恥ずかしかった」（高橋正治）

「みんな経験しているんだけど、領収証に架空の名前を書いておけといわれるんですよね。そうしないと、いろいろカネを使ったあとで最後に精算が合わなくなるとまずいから」（山田哲久）

「ロケハンに行くときには事前に予算を組むわけです。ここに謝礼をいくらだとか。それを経理に出すとだいたい認められるんですね。地方ロケのときなんかは、行く前に懇意にしているハンコ屋でゴム印をつくって、架空の会社に支払ったという領収証をつくるんです。それで先に精算しちゃうんですよ。実際に現場へ行く前にね」（伊東暉雄）

こういった素朴な悪事はどこの会社にもつきものだろうが、意外なほど本人の記憶には残るものらしい。もちろん度が過ぎれば経理部のチェックは入っただろうが、バブルの崩壊まで、日本の会社は全体として経費の扱いに寛容だったといえるだろう。ちょっとした経費のごまかしは先輩から後輩へ受け継がれる社内の伝統芸という感覚だった。

なお、日本大学芸術学部出身の伊東暉雄は、演劇の勉強のため、恩師の勧めでセイロン（現・スリランカ）の大学へ留学していたインテリである。そして伊東は『プレイガール』などにレギュラー出演していた女優・八代万智子と結婚した。八代は『マグマ大使』でも主人公・マモル（演者・江木俊夫）の母親役を演じている。つけくわえておくと、八代の『プレイガール』の出演料は当時一本で一二〇万円だったという。「いまだにカネづかいが荒くてねえ。困っていますよ」と伊東は苦笑するが、八代万智子の華麗かつ男泣かせなプレイガールぶりはいまだに健在ということだろう。

東映の三角体質という表現は、山城新伍などの所属俳優がテレビでギャグとして使う場合があった。どこの会社でも社員がすっかり満足するようなことはあり得ず、いいたいことをいえるだけ、東映には開放的な雰囲気があったともいえるだろう。

辛口の高橋正治も東映生田スタジオへの愛着は失っていない。

「生田はでたらめな連中が多かったことはたしかだけど、小物撮影なんかをやるときに、現場でみんなが知恵を出すんですよ。それなりに映画脳が発達していて、照明のスタッフなんかに切れ者がいるんですね。ぼくらよりキャリアがあって、絶対に勝てないという人が。ぼくなんかは青臭い映画青年でしたけど、生田は現実的なものづくりや世間知といったものを学べる場でもあったわけです。

そんなスタジオを統括したのが有作さんで、逆にいえば内田有作という個性があったからこそ、生田スタジオが存在できたのかもしれません。有作さんはどんなスタッフでも否定せずに受け入れる人でしたからね。それに有作さんは一度任せたら口を出さない人だったんです。細かいこともいわなかった。細かいことをいう人だったら、ぼくもふくめて何人もクビになっていますよ。ぼくなんか朝まで酒を飲んで撮影に行かなかったこともあるけど、クビはつながっていましたからね。だから、ぼくにとって生田は呼吸がしやすい場所だったんです」（高橋正治）

一度任せたら口を出さない、細かいことをいわない、という有作の特質は証言者の誰もが認めている。有作の現場リーダーとしての資質を裏づける評価だろう。一方、有作は新宿の太平スタジオで行われるラッシュ（試写）には欠かさず顔を出し、作品のチェックだけは怠りなかった。北海道ロケで撮った『どっこい大作』の機関車走行シーンが撮影ミスで見るも無残な仕上がりになったときは、四人の制作スタッフを立たせ顔面を張りとばすという厳しさも見せている。口は出さずともスタッフに気を抜かせることは決してなかった。混沌から出発した初期の生田スタジオが、有作の個性でまとまりを保っていたことは間違いない事実なのである。

有作、父を追う

それでは、仮面ライダーの生みの親のひとりである内田有作とはどういう経歴の人物だったのか、やや時代をさかのぼって、その映画人生を追ってみる。五〇年代から六〇年代に至る日本映画界の流れをそこに読み取ることができるだろう。

有作が法政大学社会学部を卒業し、東映京都撮影所に臨時社員として採用されたのは五七年四月のことである。有作は父の吐夢に東映入社の希望を打ち明けたとき、教育映画への関心を語っている。

「おれはね、親父。教育映画のジャンルで生きてみたいんだ。あの世界は不遇だろう。―中略―たとえば、自分でプリントを担いで非劇場地帯を走りまわる――、そんな生き方もわるくないとおもうんだ」（『私説　内田吐夢伝』鈴木尚之）

この時点で有作があえて教育映画の話を持ち出したのは、すでに劇場映画の巨匠だった吐夢に対する甘えを自分なりに否定したかったからに違いない。有名人の子供が親と同じ世界に入るとき、つねについてまわる葛藤である。とはいえ、有作は吐夢が監督した『たそがれ酒場』（一九五五）に大学の友人とエキストラで出演しており、それ以来、撮影現場の魅力に取りつかれたことはたしかだと思われる。教育映画との関連でいえば、有作は後年『仮面ライダー』を通じて、はからずも子供たちと真正面から向き合うことになった。

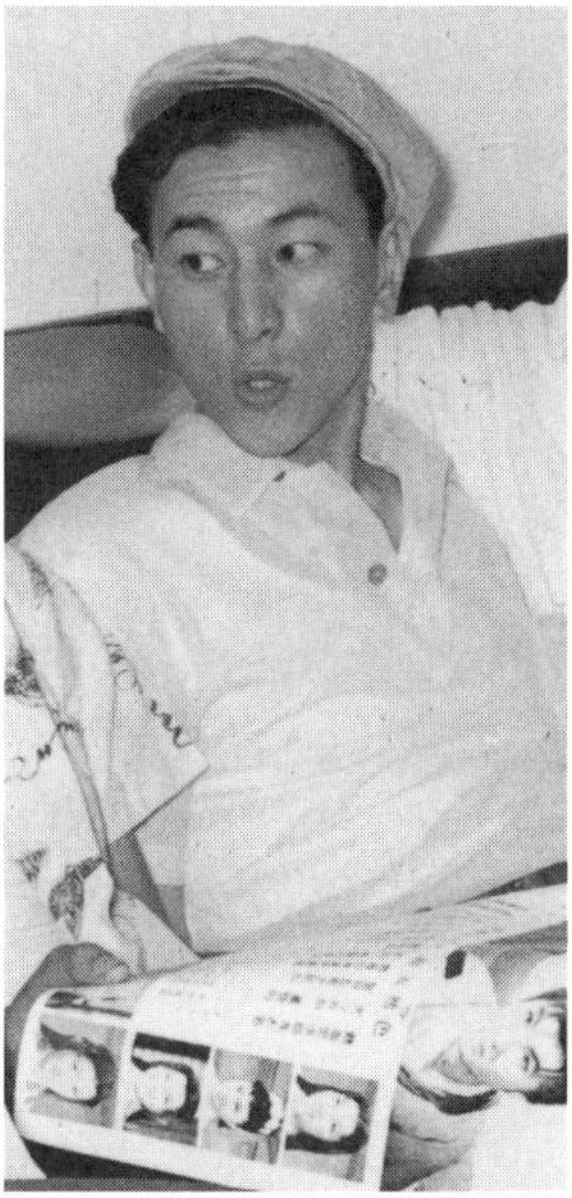
内田有作氏

有作の意をくんだ吐夢は、東映本社に有作の入社希望を伝えた。だが本社からはしばらくなんの通知もこなかった。というのも、有作の全学連（全日本学生自治会総連合）での活動歴が人事課で問題視されたからである。現に有作は五五年から六〇年代にかけて展開された砂川闘争

（米軍立川基地の拡張反対闘争）に全学連の一員として参加している。内情を知った有作は、「そんな会社に誰が入ってやるものか」とばかりに東映本社へ乗り込み、願書撤回を申し入れた。

すると、この件が吐夢にも飛び火した。吐夢は戦中から戦後にかけて八年間ほど中国に滞在しており（後述）、隠れ共産党員ではないかとの疑いを持たれていた。有作の過激な行動は吐夢に対する疑念をさらに深め、吐夢が京都撮影所で進めていた『暴れん坊街道』の撮影が一時中断するほどだった。東映に限らず、各企業はそれほど〝アカ〟に神経をとがらせる時代だったのである。

事態を収拾したのは製作部長だった岡田茂である。岡田と吐夢には長年にわたる深い信頼関係があり、岡田が赴任していた京都撮影所で、有作を臨時社員として預かることになった。有作の東映入社に母の芳子はあまりいい顔をしなかったが、それは監督・内田吐夢の妻としてさんざん苦労を味わってきたせいだろう。

ともあれ五七年の春、有作は東映京都撮影所の助監督として映画界に第一歩を踏み出した。なお、有作の兄・一作は早稲田大学専門部工科を卒業したあと映画製作プロダクションで経験を積み、五四年に日活へ入社。ひとあし早く助監督として始動している。

こうして一作・有作の兄弟は、吐夢を家長と仰ぐ映画一家を形成することになった。

東映京都撮影所は東京撮影所以上に活動屋気質丸出しの現場である。それだけに巨匠・内田吐夢への信仰心は厚く、有作はごく自然に目立つ存在になった。有作自身は〝巨匠の息子〟という看板が強みにもなり、陰口のネタにもなることを承知しながら、伸びやかな日々をすごした。要するに態度はそれなりにでかかったということである。のちに『トラック野郎』の監督として売り出す鈴木則文とは女の取り合いで殴り合いを演じるなど、あまり自慢にならない武勇伝も残している。

しかし有作は監督になる夢を早々に断念せざるを得なかった。映画の斜陽化が京都撮影所の経営を圧迫し、大規模な人員整理が始まったのである。ほどなくして東京撮影所への異動を命じられた有作は、撮影現場の仕切り役である制作進行にまわった。

当時の映画界で監督になること、あるいは監督でい続けることは、現在と同様に簡単ではなかった。

「あのころは、とにかく監督の数が多かったんです。その状況で、ヒット作品をつくったかどうか、役者とうまくつきあえるかどうか、そういうことを見て撮影所の所長が監督の人数をどんどん絞っていく。助監督も同じで、助監督は毎年新人が入ってきますから、やはり所長判断で絞っていく。そこからこぼれちゃって、京都から大泉に来た人や東映動画に来た人は相当の人数になりますよ」（山田哲久）

後年、漫画家の村枝賢一は有作にこう聞かされている。

「監督になった兄（一作）と父（吐夢）を支えるために制作進行になった」

その言葉には挫折感もふくめてかなり複雑な心情が込められていたはずだが、結果的に制作進行という仕事が有作の資質に適っていたことは間違いない。

なお、日本映画における観客動員のピークは五八年の十一億二七四五万人で、以降は急降下し、七五年には一億七四〇二万人と十七年間で十分の一以下にまで減ることになる。

『飢餓海峡』

五九年に東京撮影所へ移った有作は、六四年になって吐夢が監督する『飢餓海峡』の制作担当をつとめることになった。制作担当は進行の統括責任者という立場で、その仕事にはロケの交渉や現場スタッフの取りまとめに加え、予算とスケジュールの管理がふくまれる。

『飢餓海峡』の原作は水上勉の社会派推理小説で、一九五四年九月二十六日に台風で沈没した青函連絡船・洞爺丸の事故と、同日、北海道岩内町で発生した大火災を題材としており、その渦中で起きた殺人事件の犯人を地元刑事が長年かけて追いつめていくという筋書きである。出演陣には三國連太郎、左幸子、伴淳三郎、高倉健らが顔をそろえた。

この映画は芸術祭参加作品にも予定される大作で、憧れの映画人である吐夢と一緒に大作を担当する有作はがぜん張り切った。十二年後に生田スタジオでコンビを組むことになる進行主任の阿部征司（のちにプロデューサー）と語らい、制作費を安く見せかける工作まで行っている。最初の企画段階では、予算に厳しい大川博社長の了解を得られなかったからである。

さらに有作は吐夢の同志、あるいは巨匠の身内という意識も手伝い、撮影現場ではかなり大胆に振る舞っていた。

後年、有作から『飢餓海峡』のエピソードを聞いた高橋正治はこう語っている。

「有作さんはカバンに札束をつめ込んで北海道のロケ地まで運んだらしい。天候の問題で撮影ができない日は、朝からキャバレーでスタッフ全員と大騒ぎしたとか。有作さんに直接聞いた話です。それだけのカネを確保したんだから、まあ親孝行にはなるかもしれないけど、公私混同だと思うんですよ。結果としていい作品は残しましたけどね」

このとき有作は、ロケ地の浜辺に荒波が押し寄せるのを待っていた。消防車、パトカー、トラックなど十数台の車両や漁船を出動させ、五〇〇人のエキストラを動員したうえで、この映画の見せ場になる絵を吐夢に撮らせるためである。結局、この〝波待ち〟は二度も空振りに終わり、三度目にようやく撮影されたものの、カネも時間も膨大に浪費することになった。

本来、カネと時間を管理する制作担当としては胃が絞り上げられるような気分のはずだが、こうした切羽つまった場面でのキャバレー豪遊は、有作にとって自慢話のひとつになっている。だが、みずからも監督としてぎりぎりの予算で苦労を強いられてきた高橋にすれば、いまだに納得のいく話ではないのだろう。むしろそれがふつうの感覚かもしれない。

ともあれ、このエピソードが有作の晩年まで好んで語られたということは、『飢餓海峡』に親子で取り組んだ体験は、有作にとって『仮面ライダー』の制作とならぶほどの生涯にわたる誇りだったわけである。

フィルムカット事件

『飢餓海峡』は、天候との戦い、組合員スタッフとの確執、吐夢の映像的なこだわりなど、いくつかの問題が重なって、予算も制作期間も大幅に超過してしまう。

さらに上映時間の問題があった。『飢餓海峡』は公開時期の変更で二本立て興行を余儀なくされたが、尺が長すぎるとしてフィルムカットを命じた会社側に対し、吐夢はこれを拒否。「どうしても切るならほかの監督に切ってもらってくれ」といい残して姿をくらましてしまう。

すると会社側はこの捨てゼリフを逆手にとり、『飢餓海峡』のチーフ助監督だった太田浩児にフィルムカットを命じた。監督が拒否したフィルムカットを助監督にやれというのである。これは相当に苛酷な命令というしかない。太田は吐夢を探し回るが、吐夢は居留守を使ってしっぽをつかませない。進退きわまった太田はついにこの役目を実行する。

その後、吐夢と大川社長のトップ会談が行われるが、吐夢はここでも「フィルムを切るなら監督の名前を外せ」と突っ張る。最終的にディレクターズカット版は主要都市で公開、短縮版は地方での公開という折衷案で事態は落ち着くものの、吐夢はこれを機に東映との専属契約を打ち切ってしまう。吐夢の側についた有作にはペナルティーが科され、制作現場から興行部に転出させられた。

「会社は有作さんの制作担当としての能力を疑ったのではなく、父親を特別に厚遇し、予算を大盤振る舞いしたと解釈して問題視したのでしょう。制作担当がほかの社員だったら、たとえばプロデューサーや所長が糾弾されたと思います。吐夢監督は前作の『宮本武蔵　一乗寺の決斗』でも予算オーバーしていましたが大騒動にはなっていません。有作さんとしては、あくまでも優れた映像作家である内田吐夢監督に思いどおりの絵を撮らせたかった、ということなんでしょうけどね」（山田哲久）

後年、読売新聞記者の鈴木美潮はこのフィルムカット事件を取材した。有作は鈴木に対し、「ふところにドスを呑んで会社と対決した――」と証言している。もちろん真偽は不明なため、この部分は記事になっていない。しかし、当時有作が「『鋏《はさみ》の暴力』なるスローガンの下、会社を攻撃」（『夢を吐く　人間内田吐夢』太田浩児）したことは事実である。結果として有作は左遷されたものの、東映社内ではその反骨ぶりがちょっとした語り草になった。

映画とテレビ、両方の現場を体験した山田が、特有の金銭感覚に言及する。

「映画の場合、見終わればすぐに消えてしまうテレビとは違うので、監督も役者もスタッフもよい作品に仕上げたいと欲が出てしまい、予算超過とスケジュールオーバーになりがちです。ただし興行というのはわからないもので、結果的に功を奏することもあるから、プロデューサーも創作意欲にブレーキをかけるのは難しい。だからどんぶり勘定になるんです。作品づくりは既製品を買うのとは違って、ほかにないものをドーンとぶちあげるもの。それが快感なんです」

おそらく五〇年代であれば、吐夢はこうした事態を巨匠の貫禄で押し切れたはずである。逆に東映首脳陣としては、時代の変化を知らしめるためにも妥協を許さなかったことになるだろう。すでに映画界には、巨匠の完全主義やどんぶり勘定の博打冒険主義を呑み込めるほどの余裕はなかったのである。そして、『飢餓海峡』の興行成績は結果的に振るわなかった。

一方、作品としての『飢餓海峡』に対する評価は高く、東映社友会OBが選ぶ自社製作作品ベストテン（二〇二一年発表）でも第一位に輝いている。つまり『飢餓海峡』は、東映に在籍したOBたちの誇りを象徴する作品になったのである。なお参考までに記せば、同ベストテンの第二位は『仁義なき戦い』（深作欣二・監督）、第三位は『新幹線大爆破』（佐藤純彌・監督）である。このランキングも、東映という会社の性格をよく表していて興味深い。

六五年からの四年間を都内直営館の副支配人として過ごした有作は、六九年に東京制作所へ異動。現場復帰第一作として制作担当をつとめたテレビ番組が『柔道一直線』だった。

この番組で有作は2クール以降（第十四話以降）、アクション担当に大野剣友会を招き、奇想天外な技を連発させて大ヒットに結びつけた。このとき、大野剣友会代表の大野幸太郎と有作は盟友関係になり、有作自身は腕利きの制作マンとして認められていく。

そしてこの実績に加えて持ち前の大胆不敵な行動力が買われ、生田スタジオ開設の指令が有作に下されたのである。それ以降の有作は、仮面ライダーとともに時代の波に翻弄され、天国と地獄を行ったり来たりすることになる。

第二章
鉄砲玉は荒野をめざす

まぼろしのスタジオ

仮面ライダーの聖地として知られる東映生田スタジオは、ファンの間でも長らく存在を認知されていなかった。というのも、生田スタジオは東映の正規の撮影所ではなく、東映東京制作所の臨時出張所という扱いだったからである。したがってほかの生田制作番組と同様『仮面ライダー』のテロップに出るのは東映東京制作所であり、生田スタジオの名称が出されることはなかった。

庵野秀明は『仮面ライダー』の熱心な視聴者だったが、やはり生田スタジオの存在を知ったのは大阪芸術大学（芸術学部映像計画学科、八〇年入学）の学生になってからだという。
「子供のとき、リアルタイムで『仮面ライダー』を見ていたころは、誰がつくっているのか、ということはよくわからなかった。やっぱり主役の方とかほかの俳優さんの名前を覚える程度でしたね。原作は有名な方なので、石ノ森章太郎先生のほうはよく覚えていますよ。『仮面ライダー』の漫画は最初に『ぼくらマガジン』に載って、途中から『少年マガジン』に移りましたよね。そういう子供雑誌しか情報はなくて、テレビを見るしかなかったわけです。テレビも当時は録画なんかとてもできなかったし、音声も録れなかった。基本的には一期一会で、見てひたすら記憶することしかできなかったんですね。

大学生になったころ、朝日ソノラマが始めたと思うんですけど、ウルトラマンとかそういう素材を、ジャリ番としてではなく、大人の研究対象として扱っていこう、それでいける、という方向性を「ファンコレ（ファンタスティックコレクション）」などで打ち出した。

その前に『宇宙戦艦ヤマト』という、子供向けのテレビ漫画から若者向けのアニメーションに入れ替えた作品がありましたよね。その流れに乗じてだと思うんですが、当時、特撮ヒーローとか特撮作品を大人目線で分析する、写真集を出す、そういうことがはやり出した。徳間書店が最初ですけど、ライダーの一話から十三話まで、16ミリの切り出しフィルムで編集したムック（『TOWN MOOK 仮面ライダー』）が出て、池田憲章（アニメ・特撮研究家）なんかが評論を書いている。講談社からも仮面ライダーの全集（『KODANSHA Official File Magazine 仮面ライダー vol.1』）が出ていますね。

その時期に、ぼくは番組をつくっている人やメイキングのほうに関心がいったんですね。あらためて大野剣友会という名前も覚えたんです。仮面ライダーを演じていた人たちが紹介され始めていて、平山プロデューサーのインタビューとか座談会とか、そういうもので情報が出てきたんですね。

そういった情報を見ていると、このあたり（七〇年代前半）の東映の子供番組はみんな生田というところでつくられている。でも生田という場所もぜんぜんわからないし、東京（制作所）というテロップでありながら川崎じゃないかと。番組のテロップにもなにも出ていなかったからわからなかったんです。生田スタジオに対する思い入れは、基本的には『仮面ライダー』をつくっ

た場所、ということがいちばん大きいですね」（庵野秀明）

庵野が大学生になって情報を手に入れ始めたころ、東映はすでに生田スタジオから撤退していた。先述したとおり、このスタジオの稼働期間は七一年から七八年までの八年間にしかすぎなかったのである。ただし、その間の生田スタジオは〝変身ゴールドラッシュ〟の中心地であり、おびただしい数の変身番組、変身映画がつくられた。文字どおり東映特撮黄金時代の中心となるスタジオだった。

負けられない賭け

七〇年当時、東京・大泉にある東映の制作部門は、東映東京撮影所、東映東京制作所、東映テレビ・プロダクション（テレビプロ）の三部門にわかれていた。東京撮影所はおもに映画（本編）を撮影する中枢部門、テレビプロは東映が出資していたNET（現・テレビ朝日）の番組を制作する部門、東京制作所はテレビプロ以外の番組を制作する部門、という位置づけである。ただし六五年に発足させた東京制作所には、実質的に組合過激分子の隔離場所という役割を持たせていた。東映首脳陣がこうした裏技をくり出したにもかかわらず、七一年から七二年にかけては岡田茂社長の自宅にまで組合員が押しかけ、東映本社前の路上では役員が組合員に取り囲まれるなどの事件が頻発していた。

『仮面ライダー』の番組企画は半年あまりの協議を経て、七一年四月からの放映開始が決まっていた。しかし撮影を予定していた東京制作所ではこれまで以上に激しい労働争議が展開されており、新番組の撮影は危ぶまれていた。そこで東映本社から東京制作所所長・石田人士《じんし》を通じて新スタジオ開設の極秘指令が出され、その困難なミッションを請け負ったのが制作所管理課長・内田有作だった。なお石田は、都内映画館の副支配人だった有作を制作所へ呼び戻した人物である。

平成ライダーも手がける脚本家の井上敏樹は、昭和ライダーのメイン脚本家だった父親の伊上《いがみ》勝《まさる》を通じて有作と顔見知りだった。井上は、生田スタジオ開設時の有作をこう評している。

「〝鉄砲玉〟みたいなもんだよ」

ここでいう鉄砲玉はヤクザ用語である。鉄砲玉に指名されたものは、親分の意をくんで、人知れず敵地に乗り込み騒動を起こす。これが抗争に発展し自軍が勝てば勲一等である。だが失敗すれば殺されるうえに存在さえ忘れられる。命を張った賭けである。

有作が労働組合の目を逃れ、ごく短期間にスタジオを開設し、新番組の撮影を開始できるかどうか、成功する保証はなにもない。しかし、これは負けてもともとの賭けではなかった。なんとしても勝たなければ、〝本社のイヌ〟になる有作には帰れる場所がなかった。そのうえ、賭けに負ければ新番組は組合の格好の標的になり、最悪の場合は納期に間に合わない。そうなれば自分は組合に思い切り嘲笑され、会社側からは責任を一方的に押しつけられるかもしれない。

その一方で、鉄砲玉の役目は自分にしか果たせないという自負が有作にはあった。そもそも有作は「失敗したらどうしよう」という仮定で動く男ではない。むしろこんな大勝負を他人にゆだねるなどもってのほかだったのだ。見方を変えれば、『飢餓海峡』で見せた人一倍の自負心と無鉄砲さを見込んだからこそ、本社は有作を指名したのである。もちろん有作が任務に失敗した場合に備えて外注制作などの保険はかけられていただろうが、そうなれば本社は組合に主導権を渡すことになる。したがって、これは本社にとっても負けられない賭けだった。

有作は、京都撮影所時代に同僚だった折田至監督をともない、さっそくスタジオ探しに奔走する。しかし長期で使える空きスタジオはなかなか見つからない。しかも有作にはスタッフ編成の準備もあり、一日に使える時間は限られていた。映画関連施設が多い多摩川流域に探索を絞っていた有作と折田がようやく朗報を聞いたのは、動き始めてからおよそ二週間後のことである。

「たまたま訪れた多摩スタジオで、そこにいた大道具さんから『よみうりランドの裏手にバラックみたいなスタジオがあるよ』って話を聞いたんです。で、すぐに車を飛ばしていったら……。あったんですよ、平台《ひらだい》も何もないスタジオが(笑)」(内田有作・談、『KODANSHA Official File Magazine 仮面ライダー vol.1』)

平台というのは美術セットなどで使われる箱状の台で、撮影所では最も基礎的な道具である。平台がないということは、要するにスタジオの体を成していないということだった。

細山スタジオ

やがて有作の牙城になる細山スタジオは、六九年に開設されていた。オーナーは神奈川県川崎市細山（現・川崎市麻生区多摩美）に土地を所有する土方《ひじかた》工作と箕輪正治である。小田急線読売ランド前駅から徒歩約十分の細長い窪地にそのスタジオは建てられた。

以下、細山スタジオの歴史については、土方工作、その息子の進一、ブログ「此処にスタジオがあった頃」を主宰する中英之の証言、および同ブログと地元のミニコミ誌『メディ・あさお』に寄せられた証言にもとづいて記述する。なお、七〇年生まれの中英之は山口県に在住していた二〇一四年に初めて息子をともなって生田スタジオ跡を訪れ、ブログは二〇一七年に開始している。

まず、土方工作がスタジオ建設当時を回想する。

「ここは戦前から農地でね、畑が多かった。ただ戦争が始まってから、男が兵隊さんに取られて農作業ができない家もあった。それでうちの親父が土地を借りて畑作をやって、あとからその土地を買ったんだね。おれは、よみうりランドで定年になるまで三十年以上つとめていたんだ。スタジオを建てたのは、よみうりランドをやめる前だね」（土方工作、以下同）

よみうりランドは、六四年、東京・稲城市と川崎市多摩区にまたがる丘陵地帯に建設された大型遊園地である（六八年に読売ランドから改称）。仮面ライダーシリーズでは全般にわたってここで撮影が行われている。

「スタジオの跡地にポンプの残骸があるでしょう。一一〇メートルくらい掘って水をくみ上げたんだよ。そのうちに地下を電車（ＪＲ武蔵野線）が通って水が出なくなってね。丘の上のほうの何百メートルも先から水を引いた。でも、よみうりランドができるとプールの水をくみ上げるでしょう。それを放水したらこんどは上のほうから水があふれちゃった。二度くらい大水になってね。水じゃいろいろ苦労したよ」

細山スタジオの南西側には十メートルほどの崖があり、向かい側にはうっそうとした雑木林がある。この土地をどう活用するか、相当に悩ましい問題だったはずである。

「中河原（東京都府中市住吉町）におばさんがいて、六八年にそこの土地にアパートを建てたんだよ。そのときの材木屋が『商起《しょうき》』という会社だった。それで商起とつながりがある大映の関係者から話があってね、箕輪さんと相談してスタジオを建てることにした。でもこっちはアパートを建てるような感覚だよ。当時はこのあたりもアパートなんかぽつんぽつんとしかなかったけどね」

多摩川の周辺にはすでに映画関連施設がいくつもあり、土方はスタジオ建設もアパート建設も同じような感覚でとらえていたことになるだろう。さらにこの土地は日照時間が短く、もともと畑作には適していなかった。「冬場は夕方三時を過ぎれば、殆ど陽が当たらないんです」（「此処にスタジオがあった頃」）と箕輪正治の息子・広実は証言している。畑作にはマイナスの条件もスタジオ建設を後押しすることになったが、同時に、スタジオで働くスタッフにとってかなり厳しい環境だったこともわかる。

こうした経緯を経て、六九年六月に開業した細山スタジオでの収録番組第一号は、松竹系の歌舞伎座テレビ室が手がけたドラマ『新婚さん旧婚さん』（日本テレビ）である。このドラマは、なべおさみが主演で、生田悦子が相手役を演じた。そして撮影期間中は「小日向《こひなた》スタジオ」という呼称が使われていた。

「最初のころは、商起の人と、小日向、川島、という三人がグループを組んで、スタジオをわれわれから借りるかたちにして、第三者に貸し出すという話だったね。要は貸しスタジオだよ。月に三十万円だかで五年間貸してくれと。ところが、吉永小百合の『あゝ野麦峠』という映画をここで撮ろうとしたときに、カネの分配の問題で三人が仲間割れを起こした。それで映画は中止になっちゃうんだね」

六九年三月、当時二十四歳の吉永小百合は記者会見を開き、『あゝ野麦峠』を一億円の資金で自主製作すると発表した。監督は内田吐夢、撮影所は細山スタジオが予定されていた。しかし制作費の手当てや脚本で生じた問題を解決できず『あゝ野麦峠』は頓挫してしまう。

おそらく三人はこの映画の出資あるいは製作に関与していたのであり、中止が決定される前後に仲間割れしたことになるだろう。なお小日向は、大映とのつながりで土方と箕輪にスタジオ建設を勧めた人物で、歌舞伎座テレビ室と『新婚さん旧婚さん』の契約を結んだ人物でもある。他方、この時期には大映の経営が行きづまっており、商起はスタジオ建設後に手を引いたという話もある。

余談ながら、父親の強い影響下にあった吉永小百合は、初めて自分が主導した『あゝ野麦峠』が頓挫したことにより、永遠に清純派女優からの脱皮を果たせなかったともいわれる。

「『あゝ野麦峠』がうまくいかなくなって、スタジオの賃貸契約を解約するというときに、小日向のところの女事務員だか二号さんだかが、スタジオに居座っちゃった。たくさんあった荷物も置きっぱなしにして動かさない。困っちゃってねえ。おれと箕輪さんで何度も交渉して、最後はいくらかカネを払ってようやく出て行ってもらった」（土方工作）

小日向の主張は、細山スタジオの所有権は土方と箕輪にあるものの、スタジオなどの建屋《たてや》については実際に建築に当たった自分たちに権利がある、という主旨だったようだ。そして小日向は頑としてその主張をゆずらなかった。

この問題を処理している間に、細山スタジオでは江波杏子主演の『女三四郎　風の巻』（東京12チャンネル　現・テレビ東京）が収録されている。このときは大映テレビ室と箕輪との直接契約になっており、番組の台本には「大映生田スタジオ」と記されていた。したがって「女三四郎」は、小日向の荷物が残されたまま、空きスペースを使って撮影が行われていたことになるだろう。結局、土方と箕輪が小日向との問題を契約書面上で完全に解決したのは七一年の年明けだった。

なにもない春

内田有作と折田至監督が細山スタジオを探し当てたのは七〇年十二月下旬である。その時点ではスタジオから小日向の荷物が撤去され、がらんどうの倉庫同然のありさまだった。しかし有作はまさに天恵と判断し、ここを拠点にしようと決めた。ともかく場所さえ確保できればあとはなんとかなる。有作はすぐに土方を訪ね契約の交渉に入った。

一方、土方も箕輪も大いに歓迎すべき話だった。小日向とのトラブルに、ようやく解決の目途が見えた矢先の話だったからである。

『仮面ライダー』の制作にあたり、東映が細山スタジオと正式に賃貸契約を交わしたのは七一年二月一日。一月二十三日に仮契約を済ませていたとはいえ、それでも『仮面ライダー』の放映が開始される四月三日までは二ヵ月あまりしかない。いかに状況が切羽つまっていたかがわかる。おまけに、細山スタジオから東映生田スタジオに名を変えた当初、そこには撮影設備もなく、スタッフの姿もなく、ついでにカネもなかった。

生田の春は、なにもない春だった。

参考までに、七一年一月二十三日に結ばれた賃貸契約書の基本部分を以下に示しておく。

・「賃貸期間は、昭和四十六年二月一日より昭和四十六年四月三十日に至る満三ヵ月間とし」さらに一ヵ月間の更新が前提とされている。

東映生田スタジオ内部

内田有作が監修した『仮面ライダー SPIRITS～受け継がれる魂Ⅱ～』(講談社)の掲載図を参照し、作成

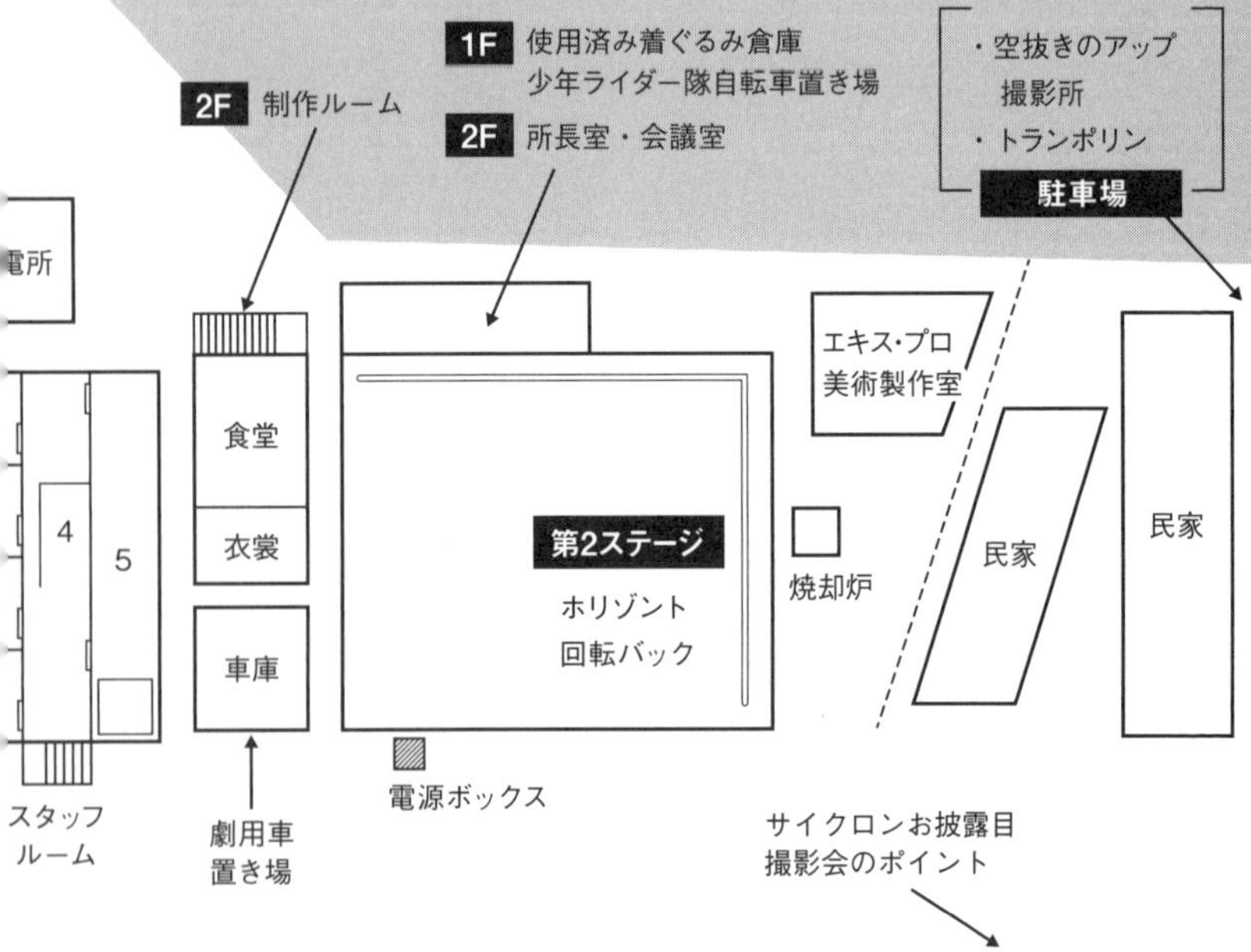

本契約における賃貸物件は以下のとおり。

物件　神奈川県川崎市細山四三一二

(一)鉄筋外装モルタル塗スレート屋根
No.1ステージ
建坪　四二四・〇五㎡
(一二八・五坪)

(二)鉄筋外装モルタル塗スレート屋根
No.2ステージ
建坪　四〇〇・九五㎡
(一二一・五坪)

(三)コンクリートブロック造変電室
建坪　七・四二五㎡
(二・二五坪)

(四)木造二階建　事務室及び控室
延建坪　一四〇・二五㎡
(四二・五坪)
一階三部屋
二階四部屋

(五)木造平家建　倉庫
建坪　三三・〇㎡(十坪)

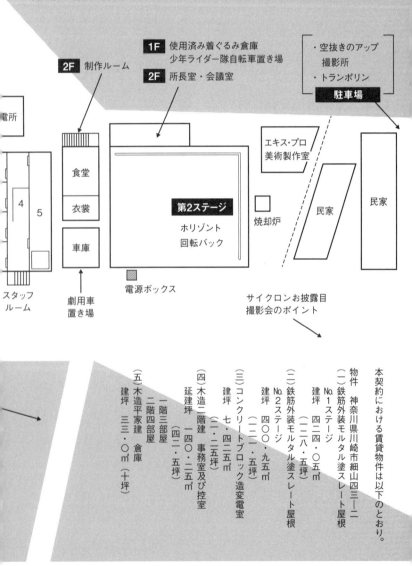

在りし日の東映生田スタジオ（平山亨氏提供）

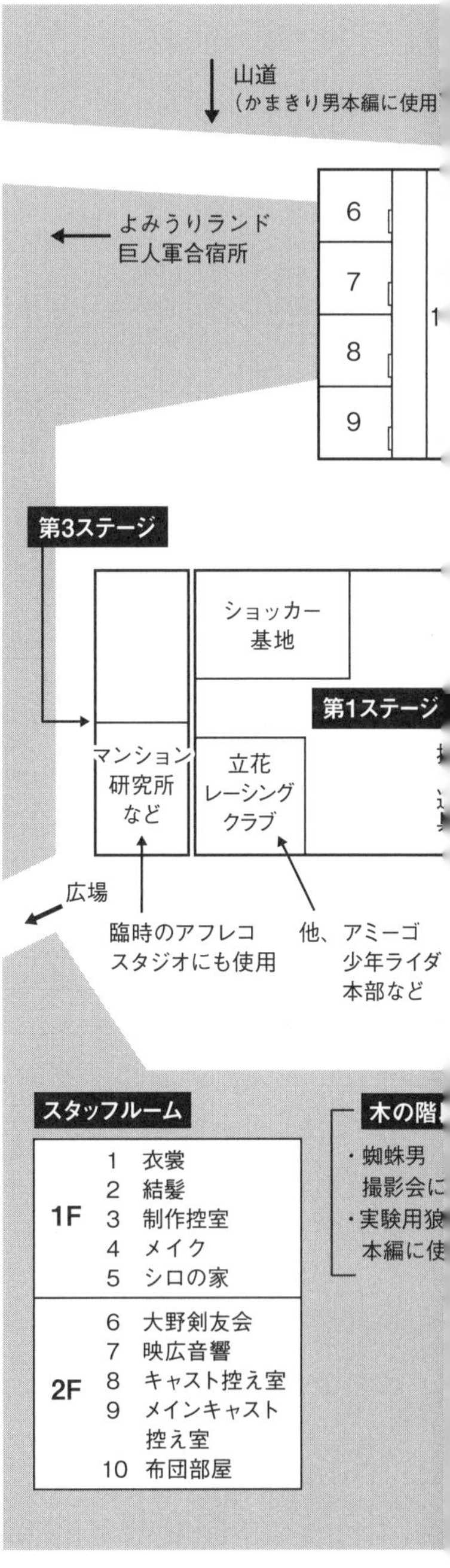

山道
（かまきり男本編に使用
よみうりランド
巨人軍合宿所
6
7
8
9
第3ステージ
ショッカー
基地
第1ステージ
マンション
研究所
など
立花
レーシング
クラブ
広場
臨時のアフレコ
スタジオにも使用
他、アミーゴ
少年ライダ
本部など
スタッフルーム
1F
1 衣裳
2 結髪
3 制作控室
4 メイク
5 シロの家
2F
6 大野剣友会
7 映広音響
8 キャスト控え室
9 メインキャスト
控え室
10 布団部屋
木の階
・蜘蛛男
撮影会に
・実験用狼
本編に使

・賃料は「壱ヵ月につき金六十万円也」。
・「毎月基本電気料金として八万円也」を東映が負担、のちに実費精算。
・さらに東映は「ガス及び電話等管理雑費の実費を負担」する。

ここまではいわゆる仮契約に当たり、同年二月一日にはあらためて本契約が結ばれた。おもな変更点は以下の二点である。

・「賃貸期間は、昭和四十六年二月一日より昭和四十六年四月三十日に至る満二ヵ月間とし」さらに双方一ヵ月前の申し立てがなければ契約は自動更新となる。
・賃料は「壱ヵ月につき金百二十万円也」。

賃料が六十万円から一二〇万円に増額された理由は、仮契約にふくまれていなかった№1ステージの賃料が加わったからである。

この書面の契約期間は二ヵ月に設定され、あとは一ヵ月ごとの自動更新になっている。あくまでも法律的にいえば、東映としてはいつでも契約を解除できる内容だった。いいかえれば、有作は本社の長期的な援護を保証されない立場に置かれていたのである。もし『仮面ライダー』が不発に終われば、有作は生田の地に骨を埋めることになるかもしれない。鉄砲玉の有作としては、なかばそう腹をくくっていたにちがいない。

『仮面ライダー』の撮影は七一年二月に開始されている。三月一日締結の本契約で№2ステージ

（これは細山スタジオでの名称、東映生田スタジオでは第1ステージ）が契約に追加されたのは、当面の見通しは立ったという本社の判断によるものだろう。なお、第3ステージは七三年に入ってから増設されている。

もう一点確認しておくと、契約書に記されている貸主は「土方工作、箕輪正治」、借主は「株式会社東映東京制作所　常務取締役所長　石田人士」とあり、このことからも生田スタジオは東京制作所の一部として扱われていたことがわかる。つまり、東映生田スタジオという名称は、正式には存在しなかったのである。これが、東映生田スタジオの名が東映社史に長らく記載されなかった理由である。

しかし、有作にとって社史への記載は実務的な解釈の問題ではなかった。東映生田スタジオは東京制作所から与えられたものではなく、有作が東映のために身を捨てて確保した忠誠の証《あかし》だったからである。そのため有作は晩年まで生田スタジオを〝東映の鬼っ子〟あるいは〝東映の私生児〟と呼び、悔しさと怒りを隠さなかった。

住宅街のスタジオ

「此処にスタジオがあった頃」の記載によれば、生田スタジオが稼働し始めた時期、近辺に駐車する自動車が急増し、あやうく大トラブルになりかけたという。スタジオのわきを通る小道が自動車でふさがれてしまい、地元住民が抜け道として使えなくなってしまったのである。一部住民は抗議の意味でスタジオの入り口部分に杭を立て交通を遮断した。

これはかなり過激な抗議行動といっていい。有作はすぐ別の場所に専用駐車場を借りて対応したが、住宅街のなかのスタジオだけに、地元住民となじむためにかなり気を使った様子が見られる。有作はこの場所を追われたら行くあてはないのである。幸いなことに有作が大の酒好きだったため、近所の有力者や飲食店とは酒を通じて友好関係を広めていくことができた。

「内田さんと酒を飲んだことは何回かあった。スタジオから駅に行くまでに飲み屋が二軒あったし、駅の向こうに弁当屋さん（ふくや）もあったしね。

内田さんも一生懸命だったけど、おれも始終スタジオに行っていたよ。雨漏りがあったときなんかは屋根に登って自分で修理したりね。みんなはおれを社長、社長っていっていたけど、実際はこづかいさんだよ。でもあれだけスタジオに行っていたのに、藤岡弘に会ったことはないんだな。撮影しているところを見たこともないしね」（土方工作）

土方は三三年生まれで、三四年生まれの有作とは一歳違いになる。多くの関係者が他界したいま、土方の証言には独特の重みがある。

一方、有作にしても盃《さかずき》外交は望むところだったろうが、地元の人間関係も、スタジオの経済基盤が固まっていてこそ意味をなす。孤高の越境者である有作が生田を安住の地と思えるまでには、まだ相当の時間が必要だった。

クールな地元

スタジオ・オーナーの土方工作と息子の進一は、当然ながら仮面ライダーと深いつながりができ、ときにはめずらしい事件にも遭遇している。
「おれがよみうりランドにいたとき、京王よみうりランド駅からそっちへ行けなくて困っている人がいる、と連絡が入ったんだ。バイクで行ってみたら女の子がいてね。それが高見エミリーだった。バイクの後ろに乗せて送って行ったんだけど、『変なやつに山のなかへ連れて行かれるかもしれない』と思われちゃ困るからね。よみうりランドと細山スタジオの名刺をちゃんと渡してから送って行ったよ。あとで高見エミリーから礼状をもらったなあ。もうなくなっちゃったけどね」（土方工作）
高見エミリーは、山本リンダ、島田陽子、中田喜子らに続き、ライダーガールズのひとりとして七二年初頭から『仮面ライダー』に登場している。このときエミリーは十六歳だった。衆議院議員の鳩山邦夫と結婚して鳩山エミリーになったのは翌七三年のことである。

生田スタジオが始動した時点で、土方進一は小学二年生だった。
「『仮面ライダー』を細山で撮影していることは、同級生たちもみんな知っていたと思うけれど、そんなに話題になったことはありません。私も『うちのスタジオで撮影してるよ』なんて言いませんでしたしね」（土方進一『メディィ・あさお』二〇一六年八月号）
全国で熱狂的なライダーブームが巻き起こったわりに、地元の反応は全般的にクールな印象である。以下、当時小学生だった地元住民の記憶を紹介しておこう。
「小学校でスタジオのことがとくに話題になったことはありませんね。『あそこでライダーをやっているぞ』といってみんなが押しかけるとか、そういう場所ではなかったですよ」

「スタジオはあけっぴろげな場所で、近くのゴミ捨て場に怪人の手が捨ててあったりしました。遊びから帰る途中でそれを見つけて、手にはめて友達とポカポカやりあったりしたこともありますけど、終わったらまた捨てて帰るような、そんな場所でした」

『仮面ライダー』が大人気番組とはいえ、撮影スタジオにまで関心を向ける特撮オタクはまだ存在しなかったに違いない。当時の視聴者が成長する八〇年代に入って、ようやく日本のオタクカルチャーが顕在化していくのである。

特撮オタクとアニメオタク

二〇〇一年にオマージュ作品『仮面ライダーSPIRITS』の連載を開始した漫画家・村枝賢一は、ファンクラブ「青年仮面ライダー隊」に所属していた。六七年生まれ、熊本県出身の村枝は「桜島　仮面ライダーツアー」にも参加した経験があり、要するにバリバリの特撮オタクだった。

「桜島ツアーはいままで二度やっているんですけど、九八年ころの最初のツアーに参加したんです。そのとき、抽選会でライダー1号と2号の原寸大のマスクが賞品で出されまして、ぼくが2号のマスクを当てたんです。一〇〇人にひとりの確率ですよ。

ツアーには青年仮面ライダー隊のメンバーがボランティアで入っていて、そのつながりでぼくも入隊したわけです。『仮面ライダーSPIRITS』を連載する一、二年前ですね。石森プロ

の早瀬マサトさんや、読売新聞の鈴木美潮さんも参加者で来ていました」（村枝賢一）

このツアーの開催時期は、ちょうど昭和ライダーが『仮面ライダーBLACK RX』（八九年九月終了）で一段落し、二〇〇〇年一月の平成ライダーシリーズ第一弾『仮面ライダークウガ』が始まる前のことになる。およそ十年にわたってライダーの放映が中断していたにもかかわらず、このツアーは一〇〇人の参加者を集めていたのである。ライダー人気は根強いというしかない。

村枝は漫画の『仮面ライダー』ではなく、あくまでもテレビの『仮面ライダー』が好きだったという。その立場から、特撮オタクとアニメオタクの気質の違いを次のように語る。

「アニメは『宇宙戦艦ヤマト』があったから、大人になっても見ていいんだというきっかけになったし、『機動戦士ガンダム』もその流れを後押ししましたよね。でも当時の特撮番組は未就学児のものであって、バンダイがおもちゃを売るための番組だという意識があったので、大人になっても卒業できなければ、恥ずかしいジャンルだったんです。むかしから特撮オタクはいたけど、アニメにくらべたら鳴りを潜めていたんですよ。『宇宙船』のような専門誌は出ていたけど、やっぱり限られた読者ですよね。

それが二〇〇〇年代に入る前後から、ライダーのアクションのレベルも上がっていったし、造形物もよくなっていったんです。それで特撮オタクの声も大きくなり、『仮面ライダークウガ』を皮切りにストーリーも大人っぽくなったので、堂々と名乗りを上げるようになったんですね。

でも結局、そこでイニシアチブを取るのは昭和を知っている人たち。古参が偉そうにするんです。それまでは潜んでいた人たちですよ。

あとはインターネットの影響もありますね。特撮オタクが群れて同人誌をつくっても、アニメの同人誌のすごさにはまるでかなわない。だからアニメに押されていた感じがすごくあったわけです。でもインターネットのおかげで個人が情報発信できるようになって、潜んでいた特撮オタクが表に出て来たということなんです」

アニメオタクにとって、『宇宙戦艦ヤマト』と『機動戦士ガンダム』の登場が自信の源になったのはたしかなことだろう。両作品ともアニメオタクが胸を張れるクオリティーに仕上がっていただけでなく、とくに『宇宙戦艦ヤマト』の映画公開をきっかけにファンクラブの組織化が進んだこともオタクの連帯意識を育てる要因になっていた。

庵野秀明のヤマトオタクぶりは有名だが、やはりファンクラブの存在によって大いに力づけられたという。

「僕の知らないところにも、『ヤマト』を好きな人が、こんなにいたんだと。あれがいまのオタクのハシリですよね。『ヤマト』が好きというだけで、強烈な同胞意識っていうんですか。──中略──

それがダーッと増えて。もう万単位ですよね。万単位でそういう人が増えるというのが、ものすごい安心感につながったと思うんです。それがアニメファンというものを作ったと思うんで

す。市民権を得たという錯覚のもとだったんですね（笑）」（『庵野秀明　パラノ・エヴァンゲリオン』竹熊健太郎・編）

『宇宙戦艦ヤマト』が登場するまで、アニメの場合でもオタク道の追求は孤独との戦いだったわけである。遅ればせながら平成ライダーが特撮オタクに自信を与え、昭和ライダーの再評価につながり、その結果として東映生田スタジオにもスポットが当たったことになる。

メディアの興亡

ここでほんの少しだけ、オタクの世界から歴史の世界に目を転じてみよう。

世界初の映画撮影所は、一八九三年にアメリカの発明王、トーマス・エジソンがニュージャージー州で開設したブラック・マリア・スタジオである。外壁が黒いタール紙で覆われていたため、この呼び名がついた。日本では一九〇八年（明治四十一年）、吉沢商店が東京・目黒に初めて撮影所を設けている。西南戦争から三十一年後、日露戦争の終結から三年後のことである。

日本における映画の興行は一八九〇年代後半（明治後期）から始まっていた。しかし、映画制作に協力的だった現代劇（新派）に対し、歌舞伎（旧派）などは映画を「泥芝居」と呼んでさげすんでいた。草創期のテレビが映画界から「電気紙芝居」と呼ばれ嘲笑されていたのと同じ意味合いである。

しかし、一九一二年（大正元年）に吉沢商店をはじめとする映画制作会社四社が合併して日活（日本活動写真株式会社）を創設し、大将軍撮影所（京都）と東京撮影所（向島《むこうじま》）から次々に時代劇、現代劇の新作を生み出すと、映画はたちまち大衆の娯楽として広まった。芝居にくらべれば安価な入場料、全国に行き渡った常設館、活動弁士とスターの人気、それらの要素が一体となって映画は人々の心をつかんだのである。

芝居と映画の関係は、映画とテレビの関係に当てはまる。在宅のまま無料視聴できるテレビのお得感、テレビ受像機の急速な普及、テレビ独自のスター登場、――こうした要素が重なり、テレビは映画を押しのけて一気に発展することになった。

明治以降、娯楽の王座は芝居から映画へ、映画からテレビへと移った。そしていまテレビはインターネットに王座を明け渡しつつある。時代はつねに動きを止めず、ひとつのメディアが長く王座に君臨することを許さない。そして六〇年代まではテレビ界でも見下されていたジャリ番が、ベビーブームに乗っていつの間にかテレビ界の〝ゴールド・フィールド（金鉱地）〟になっていくのである。

『仮面ライダー』五十周年を迎え、生田スタジオ・オーナーの末裔である土方進一の特撮に対する思い入れは、ライダーの放映開始当時よりむしろ深まっているように思われる。

「せっかくうちのスタジオで撮った作品がたくさんあるんですから、残しておかなければいけないと思っています。わたしは『仮面ライダー』第一話から、生田スタジオ最後の作品になった『透明ドリちゃん』まで、全部ビデオやＤＶＤで保管していますよ。スタジオ跡地の活用方法に

ついては、マニアの方にも参考意見をうかがいたいところです」（土方進一）

なお、進一は東映が主催する「仮面ライダー生誕50周年大選集祭」（作文コンクール）に応募し、手記がネット掲載されている。現在、介護タクシーを運用する会社「しんゆり」の代表取締役になっている土方進一も、多くのマニアと同じく、やはり仮面ライダーに育てられた大人のひとりといえるかもしれない。

第二章
特美《とくび》の名指揮者《マエストロ》と天才造形家《ジーニアス》

スタッフ集め

時代を七〇年末、七一年初頭に戻す。

有作はスタジオ探しと並行して、早急に『仮面ライダー』の制作スタッフを集めなければならなかった。ひとまず制作・演出は『柔道一直線』のスタッフを主体とすることで目途は立っていた。問題は、撮影・照明などの技術スタッフと、美術のスタッフだった。とくに美術は東京制作所でもすべて東映社員が担当していたため、有作には新しいスタッフ集めの手がかりがなかった。そこで有作はフリーの制作進行・的野屋《まとのや》宗平に相談し、大映の美術監督・間野重雄を通じて、「エキス・プロダクション」の八木正夫に行きついた。エキス・プロは大映の『大怪獣ガメラ』や『大魔神』を手がけた特撮専門の造形会社である。

有作と八木の契約交渉に同席した三上陸男《みちお》（エキス・プロ役員、当時）は、有作が提示した予算の厳しさに思わず首をひねったが、三上の予想を裏切って八木は即決で契約をまとめた。

三上が記憶をたぐり寄せて語る。

「どうして八木さんはあんな条件で引き受けるのかと思ったくらいです。でも内田有作さんのことはずっと思い出していました。じつに印象的な人で、シャープな考え方をする人だと思いましたよ。顔つきもシャープな感じでね」

その後、三上は『仮面ライダー』の美術全般を指揮することになるが、予算の厳しさに加え、限られた時間との戦いにも立ち向かわなければならなかった。

技術スタッフの編成には八木正夫の業界人脈が役に立った。八木はさっそくS．K．プロを有作に紹介した。S．K．プロは、撮影監督の山本修右が、照明技師の太田耕治とともに立ち上げた集団である（S．K．プロは修右と耕治の頭文字から命名された）。山本はフリーの撮影監督という立場ながら、大映テレビ室の顔ともいえる存在だった。有作の依頼を受けた山本は太田と相談のうえ、大映の技術スタッフを率いて生田スタジオに合流すると約束した。

有作のスタッフ集めが迅速に進んだ背景には、映画界の苦しい現実があった。大映の倒産が目前に迫っていることを、映画関係者はそろって認識していたのである。大映の仕事を受注していたエキス・プロや大映のスタッフたちが、厳しい条件を覚悟で有作の要請に応じたのはそのためである。有作はむしろ強運に恵まれていたことになるが、有作のほうも、この時期は周囲にいる人間を手当たりしだいに巻き込んで前進するほかなかった。

たとえば有作はこんなエピソードを語っている。

「ともかく平台と足場がないことには撮影にならない。まずは八木の親父さんに頼んでそれを作ってもらおうとしたんだけど、『内田さん、お金がないと作れませんよ』ってね。でも、会社は準備段階にはお金を出してくれない。それで僕は、当時池袋にマンションを持っていた知人を引っ張り出して、そいつの名義で銀行からお金を借り出してもらったんです。強盗みたいな話です

けど（笑）」（『宇宙船』二〇〇八年夏季号）

いかにも有作らしい荒業である。借金の当て馬にされた知人はさぞ迷惑だっただろうが、こういう強引さと図々しさで押し切ってしまうしかない緊急事態だったのである。それにしても、この知人は〝強盗〟に貸したカネが返ってくるまで寝つきが悪かったことだろう。

芸術家のパトロン

エキス・プロの三上陸男も有作に巻き込まれたひとりである。

画家志望だった三上陸男は、十八歳で本多猪四郎監督の『ゴジラ』（一九五四、東宝）に特撮美術のアルバイトで参加した。以降、国内や海外で数々の作品にかかわっている。三上のキャリアは、そのまま戦後の特撮美術史を物語っているといっても過言ではないだろう。

以下、三上の証言である。

「円谷英二さん、渡辺明さん、成田亨さん、みなさんよく存じあげています。『ゴジラ』ではその三人の下で働いていました。でもぼくは特撮をやりたかったわけではないんですよ。映画にはかかわりたかったけど、たまたま最初が『ゴジラ』だったんです。背景画から入ったので、しょせんは〝塗り屋〟と呼ばれていました。ミニチュアなんかの着色まで全部やっていましたんでね。

ぼくらが入ったころの東宝は最新技術というほどのものはなかった。ミニチュアを使ってゴジラを大きく見せるぐらいは誰でも思いつくことですよね。ただその場合、背景画がとても重要になってくるんです。屋外の絵が多いんですよね。街並みだとか雲だとか。自分の描いた絵がスクリーンに出ればわかりますけど、一向にうれしくはなかったですね」

いうまでもなく、円谷英二は特撮の神様、渡辺明は円谷の盟友にして東宝特撮の重鎮、成田亨は彫刻家にしてウルトラマンのデザイナーである。三上にとって特撮美術が仕事の第一希望ではなかったにしても、十代でそうそうたる特撮のスペシャリストに接していたわけである。

さらに特撮の技術は生活の手段としてじつに有効だったと三上はいう。

「当時は特美（特撮美術）に彫刻家が多かったんですよ。やっぱり模型をつくったりすることが多かったのと、その人の彫刻の作風にもいい影響を与えることがあったのかもしれない。でも彫刻でメシを食うのは非常に難しいし、それは絵画でも同じです。だからせっせと内職で仕事を請け負っていました。まあ、やってみたら面白くないこともない、という感じでね。

とにかく稼がなきゃいけないので、現場で残業をすれば手当はつくし、夕食、夜食、翌日の朝食と三食全部食べさせてもらって、そのうえ旅館に泊めてもらって、ありがたい話でしたよ。下手をすると昼食も出たような気がする。食券をもらってね」

繁栄期の映画会社は、若き芸術家たちの間接的なパトロンとして機能していたわけである。そのことは、総合芸術である映画の文化的な成果と考えていい。たとえば成田亨は彫刻家としても一流だったが、もしウルトラマンの仕事がなければ、生活ぶりも知名度もまったく変わっていたに違いない。

三上はアルバイトをしながら武蔵野美術学校（現・武蔵野美術大学）を中退し、五九年に大映の美術スタッフとなった。のちにエキス・プロ社長になる八木正夫とはそこで出会っている。

「八木さんのお父さん（勘寿《かんじゅ》）がやっている工房があって、八木（正夫）さんは手伝いをしていたんですね。その工房へぼくも行ったんですが、やはり彫刻家のアルバイトが来ていました。レントゲンケースをつくったり、石膏型を取って磨いたあとにラテックス（乳状の樹液）を流し込むような仕事をしていましたよ。彫刻をやる人には向いていたんでしょうね。

大映がやったことは東宝の真似ですよ。『ガメラ』なんていうのはもろにそうですよね。ぼくにとって『ガメラ』（特殊美術を担当）はバイト代稼ぎみたいなことでしたが、映画の美術というのはちょっと特殊なんです。室内の場面はみんなセットで組むわけですけど、あんまりうまくできちゃうと本物じみちゃって。たとえば『仮面ライダー』だと、本郷猛（演者・藤岡弘）の住まいなんか、あんなに生活感を出しちゃっていいのかと思うくらいでね」（三上陸男）

映画のセットは本物じみていればいいわけではない、というのが三上の美意識でありプロ感覚なのだろう。なお、本郷猛の住まいは大映出身の間野重雄が手がけていた。

それでは、六六年に放映開始された『ウルトラマン』は三上の目にどう映ったのか。

「ちょっと子供っぽいな、幼稚だな、という感じですね。画面そのものを子供向けにつくっていたから当然ですけど」

韓国の怪獣映画

仮面ライダーとウルトラマンの両雄については様々な論点がある。その点は別項で述べることにして、ここでは韓国初の怪獣映画『大怪獣ヨンガリ』（一九六七年）についてふれておこう。日本の特撮映画が隣国でどう見られていたかを探るためである。

『大怪獣ヨンガリ』は韓国の極東フィルムと東映の共同製作で、ヨンガリのスーツ（着ぐるみ）は八木正夫が監修し、三上は特殊美術を担当した。特撮専門の会社が仕事を確保するためには、海外市場も無視できなかったのである。

「『ヨンガリ』もまったく『ゴジラ』の真似ですね。プロデューサーがチャ・チジュンさんという人で、自動車会社の社長さんです。だからカネは持っていたんですね。ただし、あのころは日本の映画を韓国は輸入できなかったんですよ。だからチャさんは日本まで見に来ていたわけです。

日本では怪獣映画が興行的に当たっていたから、チャさんは自分たちでつくろうと考えた。それで日本から技術者を呼んだんです。だから韓国側は日本の指導を受ける立場だったけど、あそこも負けず嫌いの人が多いから『韓国に呼んでやる』みたいな感じでね。

特撮部分は全部われわれがやって、終わったあと、チャさんはぼくをなかなか日本に帰してくれないんですよ。三上は残ってポスターを描いていけ、といわれてね」（三上陸男）

六七年当時の韓国は軍事政権下（朴正熙《パクチョンヒ》大統領）であり、日韓事情も現在とはだいぶ違っていた。韓国は日本の経済支援によって〝漢江《ハンガン》の奇跡〟を成し遂げつつあったが、同時に、日本文化の過度な流入を警戒していたのである。日本が占領国であるアメリカの文化に抱いた憧れとはおよそ質が違っていた。

さらに三上の指摘どおり、『ヨンガリ』は設定、内容ともほとんど『ゴジラ』そのままである。韓国内では一定の評価を得たものの興行成績は伸び悩んだ。しかし特撮の発展途上国だった韓国において、三上の技術やセンスは宝物だったに違いない。三上を日本へ帰したがらなかった韓国側の気持ちはよく理解できる。

(『大怪獣ヨンガリ』は、二〇二二年現在、ニコニコ動画など複数のサイトで鑑賞できる)

マスクのモチーフ

韓国における活動はエキス・プロの収入にはなったものの、これも単発企画であり、日本での長期的な減収をおぎなえるものではなかった。ウルトラマンが牽引した第一次怪獣ブーム(一九六六~六八年)も終わり、当時、特撮映画で安定収入を確保することはじつに至難の業だったのである。

そうした状況で、いよいよ三上は生田スタジオへ乗り込む。

「あそこは本当に倉庫でしたからね。ホリゾント(スタジオ撮影用の背景)をつくるだけでものすごくおカネがかかった。美術のぼくなんかは、カネをくすねているんじゃないかって、みんなにいわれたくらいですよ」(三上陸男)

ホリゾントのような基礎部分からつくりあげたのだから、カネはかかって当然である。しかし撮影には欠かせない設備であるだけに手を抜くわけにはいかない。そういった基礎的な整備作業を進めながらも、放映開始までのタイムリミットは二ヵ月後に迫っていた。三上は大至急で仮面ライダーのマスクを立体化する作業に入った。

詳しい情報はすでに公開されているが、五十年目の証言として三上の話を紹介しておく。

「原作は石ノ森章太郎ですから、ほとんど忠実にやっていました。球体を主にした考え方というのは面白いと思いましたね。でも球体はごまかしがきかないから難しいんですよ。それで石ノ森章太郎のアトリエというか仕事場へプロデューサーの平山さんとよく一緒に行って、デザイン段階から相談しました。やっぱりあの先生はなかなかうるさいですから。

そこで聞いたんですよ、『先生、これはどこから覗くんですか。見るところがないじゃないですか』って。結局は目の下にクマみたいなものをつくって、そこから覗くということにしました。苦肉の策ですよね」（三上陸男）

石ノ森章太郎は、球体にこだわる理由を次のように述べている。

「キャラクターのデザインをする時の基本姿勢として、ボクは、R（曲面）を大事にしています。直線より曲線の方に温かみを感じるから、ですがそれ以上に、オモチャを買ってくれる子どもたち、を考えるからです。—中略—そのオモチャで怪我をしないように、丸みのある遊び相手に接することで、優しさという感情が育つように……、綺麗事を言う、と思われそうですが、心からそういう望みを籠めているのです」（『石ノ森章太郎のマンガ家入門』石ノ森章太郎・著）

石ノ森メッセージが綺麗事かどうかは別にして、キャラクターのデザイン段階で石ノ森はすでにおもちゃを視野に入れていたことになる。このように、商品開発に肯定的な考えを持つ漫画家と東映が組んだことは、版権ビジネスの観点から考えればじつに意味合いが大きい。

『仮面ライダー』の第一話をテレビで見逃し、特設会場のスクリーンで見たという大畑晃一は、次のような印象を持ったという。

「仮面ライダーのマスクのデザインには、怒りと哀しみのモチーフが入っているらしいんですよ。アンテナが怒りの眉毛になっていて、実際に目の下は覗き穴なんですけど、それが涙のように見える。だからスクリーンにドアップで出てくると、ぐっと奥歯をかみしめて、涙をこらえているように感じるんですよ。

仮面ライダーの顔はウルトラマンと違ってすごく人間臭い感情が出ています。ウルトラマンはやっぱり子供の目から見ると宇宙人であり神様に近いんですよ。でもライダーは、血と肉のある人間。感情のある人間が正義を行うためにマスクをかぶるという、そんな印象が画面から伝わってくるんです。

いまでこそこうやって説明できるんですけど、子供のときにはなにか得体の知れない異形のものとして受け取っていたような気がします。そこがひかれた理由でもあるんですけどね」

苦肉の策だった目の下のクマが、仮面ライダーの表情に独特の人間臭さを表出させたわけである。たしかに漫画の仮面ライダーと見くらべれば、テレビのライダーは表情に独特の人間臭い味わいがある。

サイクロン登場

ライダーの象徴ともいえるバイク・サイクロン号のデザインも最初は三上が手がけていた。

「ライダーが乗るサイクロン号は美術の仕事です。初めてつくったときは、わたしがちょっと張り切りすぎちゃってね。昆虫のイメージで六本足を三本ずつ両側にわけて飾りでつけたんです。でもジャンプして着地すると、それがみんな折れたり溶接が外れたりして能率が悪い。だから最終的にはやめましたね」（三上陸男）

最初のサイクロン号のベース車を用意したのが室町レーシンググループ代表・室町健三である。室町は石ノ森章太郎と協議してサイクロン号のカウル（車体を覆う部品）の原型デザインを決め、エキス・プロに引き渡した。三上がカウルの作製作業に取りかかったのは、クランクイン前日というきわどさだった。

村枝賢一は『仮面ライダーSPIRITS』を連載するに当たり、資料素材としてバイクを買い集めたという。

「ベース車、変身前のバイクなど、ぜんぶ海外から逆輸入で買いました。ビンテージだから高いですよ。それを横倒しにして、実物そのままに描いたんです。いっときは駐車場にバイクが十五台ありましたね。おそらく藤岡弘さんが最初に乗ったのはSL350ホンダロード。フルカウルのバイクは藤岡さんじゃなくて、バイクスタントの大橋春雄さんが乗っている。これはスズキのT120ですね」

ライダー創作者のこだわりもさることながら、十五台のビンテージバイクを買い集め、その原点を克明に甦らせようという村枝のこだわりには鬼気迫るものがある。この探求心を、たんにオタクならではの特質とかたづけるわけにはいかない。「神は細部に宿る」という法則はすべての創作に当てはまることなのである。『SPIRITS』が仮面ライダーを甦らせる力を持ったのは、その法則をゆるがせにしなかったからなのだ。

大阪芸術大学映像計画学科で庵野秀明の後輩（六二年生まれ）だった啓⻆宏之は、いまでもバイクの愛好家である。

「『仮面ライダー』を撮り始めたころ、カウルつきのバイクは一般幹線を走ってはいけないという法律だったんです。でもぼくらが高校のときに許可されました。そうしたら、『仮面ライダー』に出てくるようなバイクが実際に生み出されてきたんです。

『仮面ライダーV3』のハリケーンというバイク、あれは石ノ森章太郎さんのラフデザインをもとにスズキのデザイナーが仕上げたんです。それで、スズキが未来のバイクはどんなイメージかと模索して、流麗でなおかつオフロードも走れるようなモデルをつくり出した（撮影用のベース車はスズキのモトクロッサーTM250）。自分はいまも乗っていますよ。だから、バイク好きな連中のライダー人気は間違いないんです。

スズキには〝カタナ〟というモデルがあって、あれはもう仮面ライダーのバイクですね。スズキの社長（鈴木修）は、『こんな仮面ライダーみたいなバイクを出して売れるのか』といったらしいけど、そのくらいライダーのインパクトは強かったんですね。

ライダーのバイクのフィギュアを見るときに、確認するのはクラッチレバーがついているかどうか。スクーターしか知らない人は、それがついていなくても気づかないんですよ。漫画を見ると、石ノ森さんはバイクをよく知らなかったんじゃないかな。これで走れるのか、と思うくらいの絵です。たぶんバイクに関しては興味がなかったんでしょうね。

仮面ライダーはバイクヒーローで、バイクアクションもちゃんとやる。かっこよかったし、そこは仮面ライダーの個性ですよ。月光仮面はバイクに乗っていただけですからね。カーチェースはやっていたけど、オフロードじゃないし、スーパーカブですからね。

そのあとのバイクアクションは、『スーパー戦隊』（『秘密戦隊ゴレンジャー』などの特撮ヒーローシリーズ）で多少やろうとしていたけど、同じ東映作品ですから、ライダーとかぶるようなことはあまりやっていなかった。それ以外はピー・プロダクションの『鉄人タイガーセブン』という番組がありましたけど、まあ『仮面ライダー』の真似といわれて終わりですね。『仮面ライダー』はバイクアクションの元祖という感じで、ほかのヒーローがやってもみんな真似になっちゃうんです」（啓厝宏之）

啓厝に限らず、ほかのヒーローが『仮面ライダー』を超えられない大きな理由のひとつに、バイクアクションをあげるファンは多い。結果として藤岡弘の事故を呼び起こしてしまったわけだが、危険と紙一重のバイクアクションがヒーロー像を高めたことは間違いない。いいかえれば、安全第一のヒーローは子供たちの興味をひかないのだろう。

怪人という文化

三上は美術全般を指揮しながらショッカーの造形なども手がけた。

一方、『仮面ライダー』に登場する怪人のデザイナーとして高い評価を受け続けているのが三上の僚友だった高橋章である。もともと画家志望だった高橋は、大映映画『大怪獣ガメラ』（一九六五年）の特撮現場で三上と出会っており、三上が多忙をきわめていたため『仮面ライダー』のクランクイン前に高橋を生田へ呼び寄せた。

高橋は第四話以降、事実上の美術監督としてフル稼働しているが、そのおもな仕事には次のようなものがある。

立花レーシングのエンブレムデザイン、

ショッカーからゲルショッカーに至る怪人のデザイン、

ショッカーのアジトの装飾、戦闘員のメーク、

爆破用ミニチュアセットの製作――。

とりわけ怪人のデザインでは、石ノ森章太郎が手がけた初期の数体を除き、ほぼすべてを高橋がオリジナルデザインとして描いている。そのデザインセンスの高さはもはや伝説的で、庵野秀

明が戦闘シーンを高く評価する〝サラセニアン〟も高橋のオリジナルである。

さらに村枝賢一は高橋章を次のように絶賛する。

「とにかく高橋章さんという人は、怪人の造形をやらせるのはもったいないぐらいの天才なんですよ。とくにそう思うのは、ショッカーがいる基地の壁のアートです。初期のころは登場する怪人によって基地が毎週変わっていたんです。少ない予算と人数でよくあんなにかっこよく描けるなあと。

もちろん怪人の立体物もお得意で、ぼくが好きなのはモグラングとか、左右非対称な怪人です。実際、造形物って左右対称は難しいんですよ。右利きの人が着ぐるみに入ると右側が上がって見えちゃったりするのでね。高橋さんは視覚効果を考えて、あえて左右非対称にしておいて、そこからグニャーッと曲げちゃう感じの造形にもっていくんです。だから思いどおりになんでもつくれた人だと思う。

あとはガマギラーとかザンブロンゾのように、どこに目があるかわからない怪人がいる。でもどこからか覗いているんですよね。造形師のわがままでありがちなのは、かっこいいんだけど、まったく外が見えないとか、動きにくいものをつくっちゃうこと。高橋さんの怪人は使い勝手がすごくいいんですよ。だから芸術家なのに、ちゃんとクライアントの気持ちをくむ職人でもあるわけです。

モグラング、ガマギラー、ザンブロンゾの三体は有名なんですけど、高橋さんの真骨頂といえるのは、『仮面ライダーX』の神話怪人。前半はギリシャ神話やローマ神話をモチーフにしたイカルス、ネプチューンなど、子供にはちょっと難しい怪人がいっぱい出てくる。この人は欧米に生まれていたら、マジに芸術家だよなっていう感じなんですよね。たまたま日本で子供番組の怪人のデザインをやって、そこに収まっていましたけど、年代と環境が違えば立派に芸術家というくらいの才能がある方です。

だけど『仮面ライダー』も文化になっちゃって、怪人のデザインがずっと語り継がれているんですから、もはや立派な文化ですよね。ただいかんせん着ぐるみの素材が耐久性のないラテックスのようなものなので現物が残っていない。それが非常にもったいないですね」

大畑晃一も怪人の魅力にはまり込んだ子供のひとりだった。

「ぼくは小さいころから絵を描くのが好きで、怪人が出て来るたびにテレビの前でスケッチしていたんです。今週の怪人はこうだったと。それを友達と見せ合ったりしてね。

だから『仮面ライダー』を見始めて、毎回出てくる怪人の魅力に相当まいっていたわけです。ライダーカードも無限に買えるわけじゃないし、自分のほしい怪人のカードが毎回出るわけでもないので、そういうときはテレビを見て怪人の絵を描いていました。

小学校の三年でそんなことをやっているのは、かなりマニアックな小学生なわけですよ。そのころから『ウルトラマン』や『仮面ライダー』というキャラクターものにどっぷりはまって、そのあとは『マジンガーZ』みたいなロボットアニメのブームがありましてね。もう本当にテレビの英才教育を受けて、そのまま成人していった感じですね」（大畑晃一）

マエストロとジーニアス

『証言!仮面ライダー　昭和』によれば、高橋が「怪人の造形デザインを描くのは、一体が十五分くらい」で『バロム・1』の頃になると―中略―エキスプロの造形現場は当時二十人くらいだったから、怪人一体を二日くらいで作っていたよ。そのくらいのペースでないと時間的に間に合わないし、予算的にも足が出ちゃったんじゃないかな」という状況だった。

さらに、「あの頃は朝早くからの撮影だし生田スタジオには何もなくて、テレビもなかったので、スタッフの多くが『仮面ライダー』をほとんど観ていなかった（笑）。試写は新宿の太平スタジオでやっていたんだけど、それもなかなか行けなくて、年に二回くらいしか行かなかった」（同上）のである。

まさに、特撮の現場は物資と体力の消耗戦であると同時に、低予算ゆえにかえって持てる才能を最高度に絞り出させるシステムが備わっていた感がある。

特撮の魅力について、村枝賢一は次のように語る。

「アニメも好きですけどやっぱり二次元なのでね。特撮のほうがつくりあげるのは大変ですよ。特撮の造形物なんかは、いまの若い人がどんなにいい材料で頑張っても、初期のゴジラなんかには勝てない。とくに生田スタジオの高橋さんがデザインした怪人であるとか、超えられないんですよね。そのあとはみんな亜流になって、エッジが取れていって、なんだかわからないものになってしまう。そんな感じでいまに至っているのでね。

アニメはプロデューサーがいて、おカネを集める人がいて、声優さんもいるけど、ほぼ絵を描くアニメーターが酷使される構造で成り立っている。でも特撮は、役者、アクション、造形物、すべてがなくては始まらない。誰が指揮官で誰が兵隊ということではなくて、すべての人がプロフェッショナル。そこにテレビのあらゆる技術がある。

特撮の世界にトリップすると、もしあの時代に生まれていたら自分はなにをするのかと思いますよ。エキス・プロに行くのか、大野剣友会に行くのか、撮影スタッフとして生田に行くのか。そういうふうに憧れる人がいっぱいいいます」

『仮面ライダーSPIRITS』の連載は、村枝が描いたライダーの落書きを『月刊マガジンZ』の編集者が見つけたことによって始まっている。つまり村枝のライダーには落書きの段階から並々ならぬ生命力が宿っていたのである。

誰もが唖然としたおんぼろスタジオは、確実にクリエイターの夢をはぐくんでいた。もともと村枝の画力には定評があったものの、やはり根底に子供のころからの仮面ライダー愛があることは間違いない。そして、とりわけ村枝のようにみずから生田におけるデザインの変遷を追ってきたクリエイターにとって、高橋章はやはり〝神〟なのである。

さらに三上陸男も高橋章をこう評価している。

「こっちがマエストロだとすればあっちはジーニアス。だから天才にはかなわないわけですよ」

(『仮面ライダー　怪人大画報2016』)

生田に名指揮者・三上陸男と天才造形家・高橋章がそろっていたことは、特撮ファンにとってなによりの喜びである。そしてふたりが残した文化は今後も長く語り継がれていくことになるだろう。

視聴率ってなんだ?

三上が現場作業に集中するなかで、放映が始まると視聴率の問題も次第に耳に入るようになったという。

「はじめは視聴率ってなんだ、という話ですよ。でも視聴率が下がってきたら嫌味のひとつもいわれることはありました。それで、やっぱりライダーは巨大じゃなきゃだめなんじゃないか、とかいろいろ話があってね。

でもそうするとこんどはミニチュアセットが必要だから結局はおカネがかかる。逆に番組が継続してかたちができあがっちゃうと、アイテムの型なんかもそのまま残っているし、ある程度の量産もできる。そうなればあとは簡単なんです。番組が継続するのに、いかに視聴率が大事かということです」(三上陸男)

特撮美術というアーティスティックな領域に視聴率という冷徹なデータを持ち込むのは無粋とも感じられるが、結局のところ、それが番組制作というビジネスの宿命である。

「生田ではいろいろありましたけど、あの歌(『レッツゴー!! ライダーキック』)のほうはよく覚えていますよ。いきなり〝ショッカー〟ってね。いつ仮面ライダーが出てくるのかと思ったら、最後に〝ライダー、ライダー〟でしょ。ライダーというのが曲の最後にしかないんだけど、あれは歌いやすいんですね。生田の街で飲んだくれて、商店街をスクラム組んで歌って歩いたんですよ。だけど街の人は文句をいわないですね。お得意さんだから」（三上陸男）

生田スタジオは、小規模ながらも地場産業として街の活性化に貢献していた。三上たちの歌声が住民の耳に心地よく響いたかどうかは別にして、多少のご乱行は大目に見られるくらいの親近感は持たれていたことになるのだろう。

しかし、そういった地元事情を考慮せずとも、生田のスタッフが〝ライダー、ライダー〟と雄叫びを上げている場面を想像するだけで、われわれは幸福な気分になれることを三上には伝えておきたい。

第四章
ライダー1号発進!

エース竹本登板

七一年二月七日、いよいよ『仮面ライダー』の撮影が開始された。第一話はパイロット版としてシリーズ全体の基調と方向性を決めるため、制作サイドは命運をかけてエース級の監督を投入する。有作は『キイハンター』や『プレイガール』で実績のある竹本弘一監督を起用した。

「竹本監督を使うということは、東映がそれだけ本気になっているってことを、毎日放送にアピールする意味もあったわけです」（『KODANSHA Official File Magazine 仮面ライダー vol.1』）と有作は語っている。また毎日放送が作成した『仮面ライダー』の宣伝資料には、「キイハンターばりのアクション」「これは七時台のキイハンターです！」（同上）という文言がならんでいたという。

竹本弘一の助監督をつとめた経験がある山田哲久はこう語る。

「竹本監督は千葉真一さんと『キイハンター』をやっていたんですが、千葉さんは自分が主役だから番組が成立しているというプライドを持っていた。だから発言力は強かったんです。竹本さんはそういう役者の意向をくみながら味を出す監督です。ふつうは千葉さんみたいな役者が口を出すと、あいつ主役のいうことばかり聞きやがって、とスタッフやほかの役者から軽く見られるんですよね。

やっぱり、大人向けで一時間のアクションものを撮るのは難しいんですよ。役者も黙っていないし、『キイハンター』くらいになるとみんなひとこと多い人ばかり。だけど役者のほうだって監督が自分の発想を超えた演出をやれば認めるし、現場に緊張感が出る。

子供番組の主役たちには失礼だけど、かれらにはそんな発言力はない。経験もない。だから監督にいわれれば、はいはい、となりますよね。ぼくは『秘密戦隊ゴレンジャー』の第一作で竹本監督についたんだけど、本当にほかの監督よりカット数は多い。決して子供向けには撮らないんですよね」


視聴する子供たちが監督のネームバリューを気にすることはなかったはずだが、そこには大人の事情がある。そして、竹本監督起用の決断が正しかったことは、現在の評価でも明らかなのである。

とはいえ有作は、竹本が要求したレール撮影はカネ（レンタル代）がかかりすぎるとして却下していた。しかも、「レールがなければ撮れないほどのヘボ監督なのか」という挑発的な言葉まで投げつけている。

平山亨によれば「竹本さんは陸軍士官学校出のエリートで、プライドを傷つけられる位なら死を選ぶ日本男児の標本みたいな人」（『仮面ライダー名人列伝』）なのだが、有作はあえて顔面をかすめるようなビーンボールを投げたわけである。

有作としても、生田スタジオを独立採算ベースに乗せるため、絶対に赤字を出せないという事情があった。スタッフを養うべき立場の有作にとっては緊縮財政が最優先事項だったのである。

したがってせっかくエースを起用しながらも、あらかじめ変化球の使用を禁じているような状況ではあった。さらに有作は俯瞰《ふかん》撮影（クレーン撮影）の要請も却下し、先発エースの竹本はベンチの援護なしで第一球を投げ込むことになった。

しかし「それならば降りる」と開き直ってもよさそうな場面で竹本の投球術は冴え渡った。これでもか、というくらいに細かいカット割りを駆使して、五十年後まで語り草になるような会心の映像を撮り上げたのである。

編集の気持ちよさ

折田至監督が撮ったオープニングと、竹本弘一監督が撮った第一話は、現代のプロの目を通しても評価はきわめて高い。

たとえば庵野秀明はこう見ている。

「『仮面ライダー』はオープニングからしてやっぱりエポックでした。あんなにスピーディーでかっこいいものはなかった。カット割りもものすごく細かくて、おカネがないことを逆手に取って、おカネがないんならこれでやっちゃおう、という意気込みがあった」

『シン・仮面ライダー』にデザインで参加する出渕裕もこう評価する。

「やっぱり円谷とは違うけど、現場の知恵と勇気みたいなものは感じましたよ。生田のライダーのほうは隙があれば自分のやりたいことをやってやろう、という自由度があった感じですね」

生田スタジオと円谷プロはなにかにつけて比較対象の存在になる。視聴者の子供にとって、その違いはどう映ったのか。

「東映の『仮面ライダー』と東宝の『ウルトラマン』はどっちも面白いんですけど、東映のほうだと、まず光学合成というのはないですよね。でもライダーキックのビジュアルは、スペシウムに対抗できるインパクトがあったんですよ」（庵野秀明）

さらに編集も自分で手がける庵野は、技術面の優秀さを語る。

「『仮面ライダー』はとくに撮影も編集もよかった。もちろんアクションもいいんですけど、技術的なところはすごく高かったと思います。オープニングの監督は、第二話を撮った東映（社員監督）の折田至さんですよね。一話と三話だけが竹本弘一さん。二話なんか編集がすごくいいんですよ。四話もいいんですけど、とくに一話ですね。

本の情報しかぼくにはないんですが、一話はとにかく（フィルムを）回しすぎて、最初のラッシュが九十分近くあったから切るのが大変だったと。あの切り方はすごくよかった。子供心にしびれました。ほかにはなかったですからね。とくに印象的なのは戦闘シーンですよ。一話は全体も面白いんですけど、一話、二話とか、六話、七話も。サラセニアンの戦闘もすごくいいです。やっぱり編集が気持ちいいんですよ。だから定期的に見直すんです」

子供のころから「見てひたすら記憶する」作業を続けていた庵野は、いまでもお気に入り場面を即座に思い起こせるのである。それにしても、編集技術の高さに心をしびれさせる小学生がいたとは、むしろその事実に驚かされる。

参考までに第十話までの作品リストを掲載しておく。庵野の評価にそって各作品を見くらべる意味は十分にあると思われる。なお、竹本監督のカット割りを象徴する〝蜘蛛男走り〟は第一話十九分から、〝ライダーを取り囲むショッカー〟は第一話二十分二十秒から始まっている。

（二〇二二年現在、『仮面ライダー』は東映チャンネルなど複数のサイトで鑑賞できる）

・第一話「怪奇蜘蛛男」竹本弘一・監督　伊上勝・脚本（一九七一年四月三日放映）
・第二話「恐怖蝙蝠男」折田至・監督　伊上勝・脚本　（一九七一年四月十日放映）
・第三話「怪人さそり男」竹本弘一・監督　伊上勝・脚本（一九七一年四月十七日放映）
・第四話「人喰いサラセニアン」折田至・監督　市川森一、島田真之・脚本（一九七一年四月二十四日放映）
・第五話「怪人かまきり男」北村秀敏・監督　滝沢真里・脚本（一九七一年五月一日放映）
・第六話「死神カメレオン」折田至・監督　伊上勝・脚本（一九七一年五月八日放映）
・第七話「死神カメレオン　決斗！　万博跡」折田至・監督　伊上勝・脚本（一九七一年五月十五日放映）
・第八話「怪異！　蜂女」北村秀敏・監督　滝沢真里・脚本　（一九七一年五月二十二日放映）
・第九話「恐怖コブラ男」山田稔・監督　山崎久・脚本　（一九七一年五月二十九日放映）
・第十話「よみがえるコブラ男」山田稔・監督　山崎久・脚本（一九七一年六月五日放映）

現場のプロフェッショナル

竹本監督が撮った膨大なフィルムを斬新な感覚で編集したのは大映出身の菅野順吉である。菅野によれば、編集の方式にはふたつの考え方があり、「大映はヨーロッパ式で、東映はアメリカ式」(『仮面ライダー　冒険王』以下同)なのだという。大映は必要な絵だけを撮ってつなぐ。東映は大量に撮ったうえで必要な絵を選び出し、さらに動きのテンポを重視する。

竹本監督が撮った第一話の場合、「CMの時間を抜いてだいたい二十三分から二十五分くらいに収めないといけないのに、つないだらその三倍」になって菅野は途方にくれたという。

そこで、竹本からとくに編集上の指示を受けていなかった菅野は大胆にアクションの間を抜き、なんとか時間内に収めた。その結果、テンポのよさを絶賛される映像に仕上がったのである。たとえば空中回転のシーンも「映画というのは残像効果ですから、間を飛ばしているのに飛ばしているように見えないし、かえってクルクルとスピーディーに回転しているように見える」というわけである。いわれてみれば素人でもわかったような気持ちになるものの、プロはつねに現場での応用力が試されている。

『仮面ライダー』の撮影は、第一話、第二話、第四話をS．K．プロの山本修右が担当し、チーフ助手には川崎龍治がついた。大映では伝統的に長回しが多く、カット割りを多用する東映方式に、川崎は当初とまどいを覚えていた。また、移動しながらアクションを撮る東映に対し、カメラを固定して撮る大映との違いもあった。しかし、若い川崎が両者の違いになじむまでさほど時間はかからなかったという。さらに撮影監督を任されるようになった川崎は独自の手法も編み出していく。

「仮面ライダーや怪人がジャンプする時、足元にズームするんですよ。山本さんの時は単に寄るだけだったんだけど、僕はそれに動きをつけたんです。そうすると編集がすごくやりやすくなるんです。あれは僕が初めてじゃないかな」(川崎龍治・談、同上、以下同)

大人も見られるような映像をめざしたという川崎は、立ち回りシーンで望遠を使った超ワイド・ローアングル撮影などの技法も駆使し、『仮面ライダー』に新鮮な映像をもたらした。そして一年ほどの間には各スタッフとの連携も深まっていく。

「大変だったのは美術部でしたね。こんなところにセットが組めるのかというようなところでしたからね。予算がない中で何とかやってましたが、できたものはやはりそれなりのチャチなセットなんですよ。そのまま写すとバレてしまうから、だからなるべく暗くしてね。太田さんも苦労されたと思います」

川崎龍治カメラマンを現場のパートナーとして支えたのは大映出身の照明技師・太田耕治である。ここでも大映と東映の撮影方針には根本的な違いがあった。東映はスター中心主義で、どんな場面でもスターにライトを当てる。そして画面に映るものすべてを照らし出すことが基本になっていた。それに対して大映は全体の雰囲気を優先し、スターへのライティングにはこだわらない。場面によっては主演俳優も背景も見えなくていい、という考え方なのである。太田は『仮面ライダー』の特性を考え、明暗のコントラストを強調した。この方式が怪奇性を高め、さらに暗部を増やすことでセットの安っぽさをごまかすメリットもあった。大映方式の成功例である。

さらに、照明技師・太田の工夫を顕著に表すエピソードを紹介する。

「本郷猛の改造手術台の上の天井も、実は梱包用のエアキャップ（気泡緩衝材＝プチプチ）を貼り、その裏に電球を入れて何だかわからない怪しい感じにしたものなんです。首領の部屋も、あれはアルミホイルをクチャクチャにして、そこに光を当ててややぼかしぎみにして、さらに風を当てて揺らしたものです。そうするとまた怪しい感じが出るんじゃないかと。アルミホイルが安く手に入る材料だったからこそできたことですね」（太田耕治、同上　カッコ内は筆者追記）

『仮面ライダー』の撮影は総じて低予算との戦いであり、同時に、東映と大映の異文化の戦いでもあった。ときには両系統のスタッフ間で緊張をはらむ場面もあったが、ともかく第一話の仕上がりのよさが成功の予感を抱かせたことは間違いない。

制作担当だった伊東暉雄は当時をこう振り返る。

「第一話を撮り終わって、竹本さんのつくりがよかったから、これはいけるんじゃないかと思いましたね」

子供番組のなかの子役

『仮面ライダー』シリーズがロングランになるにしたがい、視聴者の評価も様々にわかれてくるのは自然な現象である。

庵野秀明と出渕裕はこう見ていたという。

「『仮面ライダー』でいちばん盛り上がったのは小五、小六のころ。『仮面ライダーV3』になると中学になって、番組を見ているまわりの子供はだいぶ減りましたけど、ぼくは『V3』の途中までですね。当時は中一くらいで子供番組から離れるのが常道だった。『V3』以降もときどきは見ていますけど、毎週楽しみに、というわけにはいかなくなった。

『アマゾン』からは時間帯が変わってますます見づらくなったんですけど、あれは生物的にいきすぎていて、ぼくとしては科学じゃなくて生物だ、という感じでだんだん苦手になっていった」（庵野秀明）

「科学じゃなくて魔術に入っていっちゃった」（出渕裕）

「『仮面ライダーX』はすごく好きでしたけど、シリーズとしてのピークは『V3』でしょうね。たぶんいちばんおカネがかかっていると思うし。

『V3』は設定だけは好きなんですよ。ライダー1号と2号で風見志郎（V3）を改造するという。あのとき本郷猛は知能指数六〇〇ですしね。でも改造手術の場面なんかが映ると、中学生から見たらちょっとね」（庵野秀明）

「あんな簡単に改造手術ができちゃうんだって」（出渕裕）

視聴者が成長するにつれ、番組制作者はジレンマにおちいる。成長していく初期の視聴者に内容を合わせていけば、新規流入者である幼児向けの内容とバランスが取れなくなる。いずれにせよ二兎を追うわけにはいかないのである。

庵野秀明は子供の登場について次のような考え方を示している。

「子供も自分が全部わかるものって、やっぱり面白くないと思うんですよ。未知のものが混じっていて、大人っぽい部分がないとね。ぼくが『仮面ライダー』を見なくなったのは、子供が出始めてから。ライダー少年隊とかになると、自分はこういうものを見たいわけではないと感じましたよね。自分が小学校の低学年だったら見たような気がしますけど、あのときはもう中学生でしたから。

『ウルトラマン』も、ぼくはホシノ少年が苦手だった。視聴者の子供目線を確保するために、登場人物として子供が混じるのはわかるんです。ホシノ少年は途中でいなくなるんですけど、ぼくはやっぱりあれが苦手でしたね」（庵野秀明）

庵野の証言を補足しておくと、少年仮面ライダー隊は第七十四話「死の吸血魔　がんばれ!!ライダー少年隊」（一九七二年八月二十六日放映）から登場している。また、『ウルトラマン』のホシノ・イサム（星野勇）少年は、科学特捜隊日本支部への出入りを許された十一歳の少年のことである。

大人になりつつある視聴者が、自分より明らかに幼い登場人物を見せられた場合、やはり番組を見続ける意欲はそがれてしまうことになるだろう。
庵野はテレビ版『新世紀エヴァンゲリオン』について次のような発言をしている。
「僕は僕のモラルの中で、子供が見る場合でも毒は混ぜるべきだと思ってましたんで、毒がないと免疫がつかないんですよ。―中略―一週間のテレビ番組の中でたった三〇分ああいうのがあったっていいと思ったんです。―中略―まあ、見なきゃいいと思うんです。それがまた一つの快楽につながると思う。嫌な番組なんか見てやるもんかっていうことがね」（『庵野秀明　スキゾ・エヴァンゲリオン』大泉実成・編）
『新世紀エヴァンゲリオン』の制作に当たって庵野が貫いた方針は、結果的に大人も巻き込む一大ムーブメントにつながったことは周知のとおりである。

さらに庵野は『シン・ゴジラ』の制作に当たっても考えを変えていない。二〇一三年六月の企画会議に提出したメモには、次のような方針が盛り込まれていたという。
「『大人の鑑賞に堪える一般映画を目指す』『徹底したリアル・ハード路線、ドキュメンタリズム、子供向けは考慮しない』等々。あ、子供云々に関しては、観客として排除するという事ではなく、子供の感情移入を目的とした子役を配したり、台詞を分かりやすくしたりしない、という事でした」（『ジ・アート・オブ　シン・ゴジラ』）
少年仮面ライダー隊やホシノ少年に対する庵野の反応を考えれば、子供のころの記憶はかなりの度合いで大人になっても思考を支配するものだ、と考えていいのかもしれない。

代打逆転満塁ホームラン

『仮面ライダー』第一話の放映開始を翌日にひかえた七一年四月二日、藤岡弘のオートバイ事故が起きた。バイクのアクションシーンで藤岡が電柱に接触し、猛烈な勢いで転倒してしまったのである。

事故現場に駆けつけた制作担当の伊東暉雄はこう語る。

「あの事故は鶴川団地（お化けマンション）の坂道でオートバイが曲がりきれなくて、電柱に斜めに張ってあるワイヤーに足が引っかかっちゃったんだね。あとで確認したら、筋肉がめくれて骨と肉の間の白い部分が見えるくらいの大怪我だった。医者に行っても保険がないから、レントゲンを一枚撮るのに一万円も取られたりしてね。そういう時代だったんです」

一万円というのは、当時、平均的なサラリーマンの月給の五分の一程度に当たる。それはともかくとしても、この事故で藤岡は左大腿部複雑骨折という俳優生命を左右するような重傷を負った。その怪我の治療について、ショッカーO野は藤岡本人から次のような話を聞いている。

「ふつうなら俳優として再起不能どころか、間違いなく障害が残るような状態だったんです。大腿骨がばらばらに粉砕していたそうですからね。でも幸いなことに、ベトナム戦争に従軍していたアメリカ人の元軍医が手術をしてくれることになったんです。その元軍医は粉砕して肉に突き刺さった骨のかけらを全部取り出して、割れた陶器を復元するようにひとつずつ接着剤でつなぎ合わせていったということです。この人と出会えたから奇跡的に復活できたんだ、と藤岡さんはいっていました」

この手術の経過もすでに伝説に属するものだろうが、あらためて事故の凄惨さを実感させる。

生田スタジオ所長の内田有作は次のようなかたちで事故の報告を聞き、緊急の対応を迫られた。

「僕のところに山田（稔）監督がすっ飛んできて、『えらいことした！』って言ったのが第一報でした。―中略―その日の夕方三時ごろに善後策を考えるために、平山、阿部（征司）、石田、河野、山田、僕の六人で集まったんですよ。まずは絵的な処理として、監督と助監督が今までに撮った映像を洗い出して、藤岡君の場面を巧く編集してもらうことになったんです。それが第九・十話のコブラ男の話ですね。

そうなると、残る問題は今後のことですよ。夜十時まで続いた会議では良い考えが浮かばず、僕は『俺に一晩だけ時間をくれ』って頼んで、頭をクリアにするために家に帰ってひたすら酒を呑んでいました（笑）」（『仮面ライダーSPIRITS　受け継がれる魂』監修・石森章太郎プロ、村枝賢一）

このあとの展開は一部先述したとおりだが、三人の助監督から提出された脚本のうち長石多可男の『吸血怪人ゲバコンドル』（第十一話）が採用された。

長石案によって新たに登場した滝和也（演者・千葉治郎）は本郷猛のライバルレーサーだが、

正体を明かせば悪の組織を追うＦＢＩ捜査官である。滝は本郷と出会って以降、ライダーの戦いを側面から支える役目をになった。この設定が2号ライダーの登場につながったのである。

「2号ライダーの佐々木（剛）君も良い役者でした。彼は絵的に決まってくれるので、画面にメリハリがつくようになったんです。―中略―もちろん、変身ポーズを取り入れた功績も大きいですしね。藤岡君には悪いけど、あの事故がなかったら『仮面ライダー』はあそこまで続かなかったと思いますよ。もちろん、変身ベルトのおもちゃだって世には出ず、バンダイもこれほど大きくなることはなかったと思います（笑）」（内田有作、同上）

藤岡が俳優生命を左右するような重傷を負ったということは、すなわち東映生田スタジオの存続危機でもあった。事故による撮影中断期間は一週間から十日ほどにおよんだが、その間もスタジオの賃貸料は発生し、なによりも呼び集めた外部スタッフは仕事がなければ雲散霧消してしまうのである。このとき、生田スタジオも有作も最大の危機に直面していたことは間違いない。

オートバイ事故で離脱した藤岡弘は、復帰までにおよそ十ヵ月を要した。その不在の穴を埋めたのは、前記したとおりライダー2号・一文字隼人として登場した佐々木剛である。藤岡演じるライダー1号・本郷猛は日本の守りを一文字隼人に託し、ショッカーの新たな計画を阻止するためヨーロッパへ渡った、という設定になっている。

さらに一文字隼人の登場によって初めて変身ポーズが考案され、またたく間に変身ブームが日本中を席巻していく。有作にとっては、九回裏ツーアウトからの代打逆転満塁ホームランで三点差をひっくり返したに等しい展開である。

村枝賢一があらためて興奮気味に語る。

「藤岡さんが怪我をしたのに、番組はむしろいい方向に行きましたよね。内田さんにしても、藤岡さんより佐々木さんのほうが、いろいろやりやすいんですよ。佐々木さんには『こら剛、バカヤロー』ってふつうにいえるんですけど、藤岡さんはナイーブな人ですからね。それに佐々木さんは『柔道一直線』で風祭右京（主人公・一条直也のライバル）の役をやっていますから、アクションで絡む大野剣友会の人もやりやすかったと思います。

別の見方でいうと、藤岡さんの復帰で佐々木さんが一話だけ共演したとき、『あっ、ライダーは（1号、2号の）複数になっていいんだ』という発見がありましたよね。それで『V3』（ライダー3号）の登場にもつながるわけです。

ウルトラマンも『帰ってきたウルトラマン』の後半から路線を変えて兄弟になりますよね。ウルトラシリーズの登場キャラが系図としてタテ社会をつくっていく。特撮ヒーローでそれができたのは、仮面ライダー2号が最初じゃないですかね。

『仮面ライダー』は、事故があったのにピンチを逆転して新しい流れをつくっていくところがいいんです。どん底から好転していく、あれがドラマチックなんですよね」

この時期の有作はまさに運勢のピークにいた感があり、次々に襲いかかる危機を猛然とはねのけていった。

打倒ウルトラマン

『帰ってきたウルトラマン』は『仮面ライダー』と同時期に放映されており、ライダー1号、2号の共演がウルトラ兄弟の登場につながったことは円谷サイドも認めている。

「『ウルトラマンA《エース》』は、『帰ってきたウルトラマン』の後番組でしたが、時代は仮面ライダーなどの変身ブームになっていました。―中略―

次々に新たなヒーローを登場させる仮面ライダーにならって、新たにウルトラ兄弟という集団で戦うシーンが多用されました」（『ウルトラマンが泣いている』円谷英明）

ただし、著者の円谷英明（円谷プロ六代社長）は、「ウルトラマン」のファミリー化が視聴者の低年齢化を加速し、必ずしもいい結果にはつながらなかったと指摘している。つまり『ウルトラマン』の場合、ヒーローの複数化は『仮面ライダー』のようには成功しなかったのである。

しかしここで国外における意外な反応を紹介しておこう。

「ウルトラマンは神様として扱いたいのに家族的になっちゃって、国内ではそうとうツッコミが入りましたよね。でもウルトラマンが中国で受けたいちばんの理由はそこなんです。家族がいっぱいいて協力し合っているということですね。そういう国民性なんでしょう。ぼくの中国人の知り合いはみんなそういっていますよ」（啓禈宏之）

国民性というのは、こうした日常の断片に突如として現れてくることがある。たとえば世界各地で活動する華僑の一族的な団結力が強固であることはよく知られている。ウルトラファミリーの功績は、国際化という点で見ればけっこう大きいのかもしれない。

なお中国における『ウルトラマン』の放映開始は九三年のことである。この年、中国の最高実力者・鄧小平《トンシャオピン》は計画経済を放棄し、〝社会主義市場経済〟を実践し始めた。ウルトラマンは中国国内の様々なCMにも起用される人気キャラクターだが、『ウルトラマンダイナ』で主人公のアスカ・シンを演じたつるの剛士だけは、靖国神社へ参拝したことで中国人に嫌われているという。この現象も国民性のひとつなのだろう。

有作は『ウルトラマン』に対して激しい敵愾心《てきがいしん》を持っていたが、それは番組に対してではなく、『ウルトラマン』のメインプロデューサーだった橋本洋二（TBS）への反発から来たものだという。

その背景についてTARKUSの高橋和光が語る。

「橋本洋二さんが『刑事くん』（主演・桜木健一）を生田で撮るという話があって、ちょうど藤岡さんの事故でスタジオ経営がおぼつかなかった有作さんはすごく喜んだわけですよ。『天下のTBSが生田を拠点にドラマを制作するんだ。これはありがたい』ということで張り切って大掃除したんですね。

そうしたら橋本プロデューサーが来て、『なんだこの汚いスタジオは。こんな衣裳部屋に女優さんを迎えられるわけがないだろう』ってけちょんけちょんにこきおろしたらしいんです。後日、この番組の担当プロデューサーだった平山さんを通じて断りが入って、結局『刑事くん』は大泉で撮ることになったわけです」

たしかに有作としては憤懣やるかたない心境だったに違いない。みずから便所掃除を買って出ていた有作としては、最もいわれたくないところを橋本に衝かれたことになる。単純といえば単純だが、橋本の放言は有作にとって〝打倒ウルトラマン〟を誓わせる十分な理由になる。「平均視聴率で『仮面ライダー』が『帰ってきたウルトラマン』を抜いた」（『仮面ライダー　怪人大画報２０１６』）と知ったときは、スタッフ以上に欣喜雀躍したに違いない。

有作と同様に学生運動を経験した橋本は『ウルトラセブン』から担当プロデューサーになり、ＴＢＳでは理論派で鳴らしていた。義理と人情の有作とは対照的な体質だったのだ。この橋本ついてはあらためて別項でふれることにする。

ここで視聴率の推移を簡単にふれておくと、第一話「怪奇蜘蛛男」（七一年四月三日放映）は関東で八・一パーセントと振るわなかったものの、関西では二〇・五パーセントと健闘。２号ライダーが登場した第十四話「魔人サボテグロンの襲来」（七一年七月三日放映）以降徐々に視聴率を上げ、九月には関東で一五パーセント、関西で二〇パーセントのレベルに達した。

藤岡弘が完全復帰し、佐々木剛が姿を消した新１号編・第五十三話「怪人ジャガーマン　決死のオートバイ戦」（七二年四月一日放映）では「ライダー、変身！」と叫ぶ藤岡の変身ポーズが追加され、第八十話「ゲルショッカー出現！　仮面ライダー最後の日!!」（七二年十月七日）からコンスタントに二〇〜二五パーセントをキープ。

関東での最高視聴率は第四十一話「マグマ怪人ゴースター　桜島大決戦」（七二年一月八日放

映）の三〇・一パーセント、関西での最高視聴率は第九十八話「ゲルショッカー全滅！　首領の最後!!」（七三年二月十日）の三五・五パーセントとなっている。

　そして、橋本が率いる『帰ってきたウルトラマン』はついに平均視聴率で『仮面ライダー』を抜くことができなかった。

第五章
ライダー・ウルトラ場外戦

完全独立キャラクター

ここで視点を絞って、『仮面ライダー』と『ウルトラマン』に対する子供たちの反応の違いを見ていこう。前記したとおり『仮面ライダー』と『帰ってきたウルトラマン』は放映開始時期が重なっていた。

のちに著名な玩具デザイナーになる野中剛少年はどう見ていたのだろうか。六六年に北海道で生まれ、神奈川県で育った野中剛は、幼稚園年長組で仮面ライダーに出会っている。

その後、野中は八七年にバンダイへ入社し、大ヒット作〝超合金魂シリーズ〟などを手がけた。現在はフリーの立場で、玩具デザイナー、プランナー、イラストレーターとして活動している。

「『仮面ライダー』ではサイクロン号という必殺の乗り物がありましたよね。あれはチャリンコで誰もが真似できるんですよ。サドルにおなかを乗せて、足を一直線に後ろに伸ばして何秒走れるか競争するんです。そういう遊びができることは、『ウルトラマン』にはない魅力でした。

でも『仮面ライダー』の開始と同じ時期に『ウルトラマン』も帰って来ているんですよね。やっぱり第一次怪獣ブームの影響は受けていますから、『帰ってきたウルトラマン』の放映開始日はカレンダーに印をつけて、指折り数えて金曜日の夜七時を待っていました。当日はテレビの前で、家族そろって正座してそのときを待っていたわけです。実際に番組が始まったときは、ちょっといい尽くせない気持ちになりましたよ。本当にウルトラマンが帰って来たなあという感じが

したんです」（野中剛）

序章でも示したとおり、野中は『仮面ライダー』の魅力は現場のリアル感にあったと考えている。それに対し、野中にとって『ウルトラマン』の神秘性は崇拝すべき域に達していたと見ていいだろう。

ファンクラブなどを通じて内田有作、平山亨、岡田勝（大野剣友会代表）とも親しく交流した遠山肇（仮名）は、作品の制作過程に興味を持つオタクだと自己分析している。その遠山にとって両雄の違いはどう映っていたのだろうか。

「『ウルトラマン』と『仮面ライダー』はまったく違うものですからね。適切な表現かどうかわからないけど、『ウルトラマン』はストーリーで見せる、『仮面ライダー』は絵で見せる、という違いがある。

だから『仮面ライダー』はわかりやすいんです。むかしからある東映の時代劇の発想がずっと続いているんですよ。とにかく見せ場が変わって、役者のかっこいいポーズが決まればいい。正義がかっこよく勝つ。それをみんな見たいんだからと。そこは徹底していますよね。平山（亨、プロデューサー）さんが京都撮影所で助監督をやっていたころ、さんざん仕込まれていたんですよ。『理屈をいうんじゃねえ、浅草東映の客を見ろ』って。

番組をつくった人には失礼ないいかただけど、『仮面ライダー』は倍速で見ても話がわかる。忙しいときに見直すにはすごく助かります。でも『ウルトラマン』は倍速で見るとちょっとつら

いですね」(遠山肇)

おそらく『仮面ライダー』の制作者は、遠山の発言を失礼だとは思わないだろう。なぜなら、ライダーの制作者は、視聴者が倍速で見ても面白いと思える作品づくりをめざしていたはずだからである。

六四年、東京都生まれ、日本特撮党党首として数々のイベントを主催する鈴木美潮は、ボストン大学、ノースウエスタン大学大学院で学んだエリートジャーナリストである。現在は読売新聞東京本社で教育ネットワーク事務局専門委員をつとめている。

鈴木は東映と東宝がつくり出したヒーローの違いを次のように語る。

「昭和の特撮番組は、東宝にも『ウルトラマン』のほかに『レインボーマン』や『ダイヤモンド・アイ』があって、東映と分け合っていた感じです。決して東映のひとり勝ちというわけじゃありませんよね。もちろんカラーはぜんぜん違いますよ。東宝は円谷の『ウルトラマン』に代表されるように、硬くて、シャープで、洗練されている感じ。それに対して東映がつくるヒーローは、柔らかくて、ちょっと湿っぽくて、影を感じさせる。東宝のコンクリート的な硬質さに対し、東映は赤土っぽい感じですよね」

鈴木が語る東映ヒーローの特徴は、まさに仮面ライダーそのものである。さらに鈴木は、東映・東宝両社の制作方針に言及する。

「東映はたとえば番組の調子がよければどこまでも続ける。調子が悪ければすぐに切って次のものを始める。平山さんは、ほかのファンの人にこんなことをいっていました。『最終回なんて、なぜ感動するのかわからない』って。柔らかいニュアンスでしたけどね。

　東映は、突然終わりがくる作品が多かった。ばたばた閉じちゃう。最近は1クールで終わる場合でも、起承転結を考えて落としどころはここ、と考えています。当時のヒーローものは、ストーンと落ちたり、突然路線が変わったり、気がついたら違う話になっていたりしていましたね。あの設定を忘れたのか、といいたくなる作品もいっぱいあった。

　とくに東映はそういうものが多くて、そのかわり調子がよければいつまでも続ける。実際、最初の『仮面ライダー』は二年続いたわけですからね。節操はなかったけど、そのこともふくめて勢いのある時代のヒーローをつくり出した。時代そのものも節操がなかったから、そういうことを反映していたのかもしれませんね」

　おそらく歴史全体を通じて節操のある時代というのは少ないだろうが、戦争をはさんだ昭和という時代は節操のなさがあからさまだったのかもしれない。とくに生田スタジオにおいては、節操を考える暇も発想もなかったに違いない。

　大畑晃一は、六二年、愛知県の生まれである。八六年に『装鬼兵《そうきへい》M.D.ガイスト』（OVA＝オリジナル・ビデオ・アニメ）の企画・制作を実現させ、以降、メカニックデザイナーの仕事を中心に、アニメ監督、映画評論家として活動している。九〇年代には、東映特撮作品のキャラクターデザインも担当した。なお、大畑は小学三年生で『仮面ライダー』と出会っている。

『ウルトラマン』のような番組だと、ビルよりも高いところに頭が出ていて、怪獣をやっつけるのをわれわれ視聴者は傍観するだけなんですよね。でも『仮面ライダー』の恐さっていうのは別物で、テレビをお茶の間で見ていても、ふと窓を見ると暗い空があるじゃないですか。団地の向こうの駐車場にショッカーの怪人がいるかもしれない、という想像力が働くんですよ。だから番組のなかで恐いんじゃなくて、番組から離れたときの日常の空間が恐いんです。番組自体は見て楽しんで終わるんだけど、地続きなんですよ、自分の住んでいるところと。『ウルトラマン』は本当にファンタジーで終わってしまうので、日常には引っぱってこないんですね」（大畑晃一、以下同）

仮面ライダー2号が登場するまで、『仮面ライダー』は恐い番組だった。放映当初の番組のキャッチは〝痛快SF怪奇アクション〟だったから、子供たちが恐がることは制作サイドの狙いどおりだったわけである。

「幼稚園のレベルで『ゴジラ』を映画館で見ると、怪獣だからいまよりも十倍はでかく感じていたんですよ。映画のなかで本当に生きているように思えてね。

そういうフィルターを通して『ウルトラマン』を見たときに、やっぱり巨大ヒーローは『ゴジラ』の世界の延長に見えるんです。だから圧倒的なクオリティーや豪華さという世界観でいえば『ウルトラマン』は無条件で楽しみましたけど、『仮面ライダー』に対する反応については、見ている子供たちが住んでいる家とか、周囲の環境が関係していたんじゃないかと思います。ぼくはまさに団地に住んでいたので、そういう意味では恐さを想像しやすかったんですね」

巨大ヒーローと等身大ヒーローの目線の違いは、大畑に限らず子供の想像力の働かせ方にかなり影響したというべきだろう。


「オートバイのデザインもフルカウルじゃないですか。やっぱり子供はお父さんがだいたい自動車に乗っているから、自動車は身近だけどフルカウルのオートバイはめずらしい。ヒーローのマシンとして未来的で危険な感じがする。ライダーがサイクロンに乗って出て来ると、そのむき出し感が危ないなっていう感じがしましたね。だからウルトラマンが危険というのは、怪獣にやられたら危険ですけど、ライダーは怪人と戦う前に危険がいっぱいあると。

やっぱりウルトラマンとライダーが本当に違うのは、人間と機械の一体化。もちろんライダーは本人自身が改造されたサイボーグという設定ですから機械と一体なんですけど、オートバイもライダーの肉体の延長なんだ、ということですね。

だからどれがいちばんのヒーローか、というくらべ方はできないんですよね。仮面ライダーと似たようなヒーローが出てきたら、ああパチモンだな、と思うし、ウルトラマンもそうです。仮面ライダーとウルトラマンは独立した個性として見ていましたね」

ウルトラマンと仮面ライダーという両雄の存在感が際立っていればいるほど、あとに続くヒーローは影が薄くなっていく。特撮番組の制作者としては、なかなか乗りこえがたい壁である。

ウルトラマンは左翼か

ヒーローは世相を映し出すという見方がある。たとえばウルトラマンは輝ける六〇年代の象徴であり、仮面ライダーは時代の曲がり角にさしかかった七〇年代の象徴ということである。そういわれてみれば、という気もするし、もっともらしいあとづけのような気もする。ともあれ、視聴者である子供の関心事は、番組が面白いか面白くないかである。もしヒーローが世相に関連するのだとすれば、それはむしろ制作サイドである大人の事情によるものだろう。

その延長上の話でいうと、『ウルトラマン』と『仮面ライダー』の評価として、社会性の有無がよく取り上げられる。自然破壊、公害、科学万能主義への警鐘、といったテーマが『ウルトラマン』にはあり、『仮面ライダー』にはない、という意味合いである。

山田哲久が七〇年代特有の雰囲気を感じさせるエピソードを語る。

「むかし『ウルトラマンタロウ』の監督をやっていた山本正孝さんと一緒に仕事をしていたときの話です。山本監督は、飲んだくれで反体制好きの左翼シンパという感じの人でした。それで、かれがぼくにいうわけです。『円谷（プロ）の連中は、担当の局プロ（テレビ局プロデューサー）も同じだけど、左翼かぶれが多いんだよ。だから思想的な能書きを入れたがる。しょせんは大ウソの世界なのに』。そういってげらげら笑っていました。

これは『ウルトラマン』のスタッフが頭でっかちという自己批判にも聞こえるし、文明への問題提起がない東映特撮作品への皮肉かもしれない。いずれにしても、企画・脚本はインテリの頭脳労働だけど、撮影現場は肉体労働で成り立っているんだ、思想と現実は矛盾しているんだ、ということをいいたかったんでしょうね」

この設問に明確な解答を出すことは難しい。しかし『ウルトラマン』にかかわっていたスタッフの横顔を見ることでいくつかのヒントは得られるはずである。『ウルトラマン』の監督もつとめた実相寺昭雄は自著『ウルトラマン誕生』のなかで、円谷英二について次のように記している。

「円谷さんは、くり返しスタッフたちに説いていた。

『やはり見終わって夢が残るものじゃなきゃだめだよ。きたならしいもの、目をそむけちゃいけない現実、社会問題、……それは別のリアリズム映画がやってくれる。特撮っていうのは、ね、だれもが見たくても見られない光景や視点をつくりだすためにあるんだよ。どんな巨大な怪獣を出そうが、ミクロの細菌の世界に潜入しようが、日ごろ見られない夢を見せるようにしなきゃだめなんだよ』」

円谷の発言から政治的な意図を感じ取ることはできない。むしろ円谷は特撮の世界で一種のユートピアを表現したかったように思える。

さらにウルトラマンのデザイナーであり、ガマクジラやシーボーズなどの愛嬌あふれる怪獣をデザインした成田亨は、実相寺にこう語っている。

「怪獣にしろ、宇宙人にしろ、見る人がいちばんこわがるもの、厭気がさすものはわかっていました。人間の変形が、いちばんおぞましいんです。原始怪獣を基本にどうイメエジをふくらまそうが、こわさとはなりません。人間と天敵の関係にある爬虫類にしろ、人間の変形にくらべれば、こわくはないでしょう──中略──

円谷英二さんの教育というか、理念というか、考え方は徹底していましたね。第一には、お化けはつくらない、ということです。そして第二に、人間の体、皮膚を破壊したものはつくらない、ということでした。その理念にぼくも共鳴したし、その円谷さんの強い意志があったからこそ、怪獣たちも、人びとに愛される存在になったんじゃないでしょうか。……怪獣というのは不恰好で、不器用で、大きな図体をもてあまして、結局最後には人間の社会から葬り去られてしまう。時代遅れで、いつも突然に、異次元の過去が現在に登場するイメエジなんです。その意味では、SF的未来から来る宇宙人とはだいぶちがう。怪獣には、原始怪獣が絶滅したように、時代についていけないもの、時代からとりのこされたもののやさしさや、見果てぬ夢があるんじゃないでしょうか。だから、ぼくは、生理的におぞましく、いやらしいかたちをつくることはできませんでした」

この成田の言葉に実相寺は深い感銘を受けるのだが、いわゆる円谷イズムが東映特撮路線とはまったく異質なものであることは明白だろう。

ここで視点をやや政治寄りに移してみる。『帰ってきたウルトラマン』のメイン脚本家をつとめた上原正三は、橋本洋二プロデューサーについて次のように記している。

「橋本自身六〇年安保の後味の悪い気分を引きずっている。『安保反対!』の大合唱はいったいなんだったのか。歌声喫茶の合唱とどの程度の差があったというのだ。安保反対の延長線上に沖縄がある。その沖縄では今日もベトナムに向けて爆撃機が飛び立っている。太平洋戦争が終わって二十五年になろうとしているのに沖縄の立場は何一つ変わらずに日本の防波堤のまま放置されている。日本人の皆がそんなことには無関心を装い、やれオリンピックだ、やれ自動車やトランジスタが売れたのと高度経済成長を享受している。安保反対のカラ騒ぎの末に……そんな思いがある。新婚旅行を石垣島にしたのも沖縄に触れることが目的だった」（『金城哲夫　ウルトラマン島唄』上原正三）

上原は橋本のなかに六〇年安保のトラウマを見出していたようである。橋本はシナリオを制作プロダクションサイドや作家任せにせず、自分で基本方針を決めていくタイプのプロデューサーだった。これが橋本のシナリオづくりの一貫した姿勢であり、思想が反映されるゆえんでもあった。そして『ウルトラセブン』の後番組として『怪奇大作戦』がスタートしたさい、橋本は円谷プロの企画文芸室長兼メイン脚本家で沖縄出身の金城哲夫と協議し、〝対馬丸〟を題材に取り上げた。対馬丸は戦時中の四四年八月二十二日に沖縄から長崎へ向かう途中、アメリカ軍潜水艦の魚雷を受けて沈没した学童疎開船で、犠牲者は一四八四名にのぼった。沖縄に問題意識を持ち、さらに金城の新境地を期待する橋本としては意に適う題材だった。

一方、金城には沖縄戦で爆弾と銃弾のなかを逃げまどったトラウマがある。さらに金城の母は敵機の機銃掃射で左足を失っていた。金城にとって対馬丸は生々しく重い題材だった。金城のシナリオ執筆は遅々として進まず、ついに完成を見ないまま円谷プロを辞し、沖縄へ帰郷した。このとき金城は、対馬丸関連の脚本が未完に終わったことを橋本に詫びたという。その後、金城は沖縄海洋博のプロデューサーなどをつとめたあと、アルコール依存症が引き金となって三十七歳で事故死した。橋本が金城を追いつめたわけではないし、金城の円谷プロ退社と対馬丸が直結するわけでもない。あくまでも創作活動におけるワンエピソードと考えていい。とはいえ、金城の立場に身を置き換えると、複雑な感情にかられることも事実である。

もちろんこうした事例で政治思想と作品の因果関係を手っ取り早く語ることなどできない。たんに円谷プロ＝ウルトラマンと、東映＝仮面ライダーの違いを考えるうえでの小さなヒントになるかもしれないと思えるだけである。

ここまでのエピソードを作品論として見れば、東映のスタンスは明快である。つまり『仮面ライダー』は子供向けの娯楽番組に徹底しているのであって、円谷イズムや橋本イズムとは別路線である。現に『仮面ライダー』には、円谷英二や成田亨がタブー視していた怪人が続々と登場している。子供の目線で見れば、タイプの違うふたりのヒーローを同時期に見られたことは幸福だったというしかない。ふたりのヒーローが子供たちの深層心理に与えた影響の違いについて、仮に専門家が研究したとしても簡単に答えは出てこないだろう。

ライダーと労働者

一方、大人たちの事情にはもう少し違う複雑さがある。七〇年代初頭は、心情的な左翼シンパが多かったことはたしかである。現に、七一年の東京都知事選では革新系の美濃部亮吉が圧勝し、二期目の座を得ている。マスコミには左翼系知識人を指して進歩的文化人という言葉も存在し、左翼すなわち進歩派というイメージがインテリの間では一定程度あった。そういった影響で番組の制作者によってはジャリ番の社会的意義を強調したい気持ちがあったかもしれない。また、番組の制作者がたんなるジャリ番担当で終わりたくないと思えば、作品になんらかの社会的メッセージを込めることが自分の矜持だと考えても不思議ではない。加えて昭和の時代は仕事を自己実現の場と考えるものが多かった。

そうした背景で山本正孝監督の発言が生まれたわけだろうが、労働組合との兼ね合いで『仮面ライダー』が生田で誕生した、という事情を考えればライダーも決して世相と無縁ではない。

七〇年に契約助監督として東映東京制作所へ入った高橋正治が当時の状況を語る。

「ぼくが入ったころの制作所では『キイハンター』『柔道一直線』『プレイガール』なんかを撮っていました。ぼくは『明智小五郎』についたんです。のちに東映の社長になる岡田裕介が小林少年（明智の助手）役で出ていますよ。かれはまだ慶應（義塾大学）の学生でしたけどね。でも、ちょうど東制労（東映東京制作所契約者労働組合）の運動が盛んなときで、この番組が標的になっていたんです。

通常、ひとつの番組にはふたりの助監督がつくんですよ。本来は三人だったのに当時はふたりになっていたんですね。ところが、『明智小五郎』からは助監督がひとりになっちゃった。経費削減のためにね。そうなると助監督は仕上げ作業に立ち会えない。これが大問題になって、東制労のすごい反対運動があった。ベトナム反戦運動とか全共闘運動をやっていた世代が東制労に集まっていましたからね。

ちなみに『釣りバカ日誌』の原作者になる、やまさき十三さんが東制労のリーダーです。じつに立派なリーダーでしたよ。あとで『釣りバカ日誌』を知ったときに、ああ、あのやまさきさんが、と感慨深かった思い出があります」

やまさきは制作所の契約助監督として約十年間働き、監督昇進も間近という状況だったが、東制労の代表に選ばれたため昇進は見送られた。やまさきは交渉妥結後に監督昇進をあきらめて映画界を離れ、漫画原作者の道へ進むことになる。この間には会社側と東制労の裁判闘争も始まり、仕事にありつけない契約助監督は多かった。かれらは漫画原作の執筆、ふすま張り、うどん屋の経営など、じつに様々な方法で食いつないだ。組合運動の完遂は命がけなのである。たんなる左翼かぶれでは続かない。

それでは、東制労の要求とはどういうものだったのか。

当時の契約者は、仕事があるときだけ呼ばれるシステムだった。具体的には1クール（番組十三話分）でいくら、あるいは番組シリーズ一本でいくら、という不安定な雇用形態である。近年の状況に照らせば、フリーのアニメーターが置かれた状況に近いかもしれない。

それに対して東制労は、契約者と制作所との年間契約を求めた。この要求は七一年から始まる岡田茂体制になって実現するが、それ以降、組合の要求は社員並みの待遇へとエスカレートしていく。そうなると経営が苦しい会社側も黙ってはいられない。解雇通知が飛び交う事態になり、争議はますます泥沼化していく。

根本的な問題は、急速に斜陽化した映画界における人余り現象である。五〇年代から六〇年代にかけてふくれ上がった社員や契約スタッフと経営者側の生き残りをかけた戦いだった。にもかかわらず映画はまだ夢のある産業であり、映画業界入りをめざす若者はあとを絶たなかった。

有作は全学連世代に属し、全共闘世代とは約十年の開きがある。その間に学生活動家だった有作は反組合へと転じたわけだが、有作とすれば現場仕事よりも組合運動を優先させれば、面白い映画も当たる映画もつくれないと見切ったことになる。そのことは、後年の有作の言動を見れば明らかである。

有作とは一線を画す立場の高橋正治はこう述懐する。

「ぼくも所内のデモにはけっこう参加しましたよ。でも東制労の主義主張には同意するんだけど、自分はまだ仕事に関してまったくの素人だし、仕事を覚える前に労働時間がどうのこうのと主張するのはどうかなって。その板ばさみで非常に悩んだことをいまでも鮮明に覚えていますよ。

これは実際に経験したことですけど、スト中に館山（千葉県）へロケに行ったとき、夕方五時になると撮影を中止するかどうか、スタッフが〇×で投票するんです。結果は〇のほうが多かったから撮影は中止です。ぼくも〇と書きましたけどね。そんなことが続いて、会社側として生田スタジオをつくらざるを得ない伏線になったんでしょう」
高橋の心情は多くの組合員が共有するものだろう。組合員といえども、映画が好きだからこそ制作所に入ったのである。たとえ組合の指令だったにせよ、夕方五時になったらワンカット残して撮影中止にしてしまうような行為を気持ちよくやれるはずはない。しかし当時のポリシーだった労働者の連帯を簡単に裏切ることもできず、大半の組合員がジレンマのなかで活動していたはずなのである。

なお、四六年から四八年にかけて発生した東宝争議は戦後最大の労働争議といわれた。戦後の労働運動の盛り上がりは総じてＧＨＱ（連合国軍最高司令官総司令部）の指導によるものだったが、東宝争議の場合、最終的にはＧＨＱの戦車、装甲車、航空機が出動して東宝労組をつぶし、けりをつけた。この東宝争議の規模にはおよばないものの、東映争議の背景には映画不況による非正規雇用者の急増という生活問題があり、加えて左翼運動の過激化という社会状況もあった。戦後を引きずったまま労使双方とも簡単に答えの出せない問題を抱え、それぞれに大義名分を主張し合った。ライダーの戦いのごとく善と悪の二元論で済む話ではあり得なかったのだ。そうした混迷のなか、マッカーサーのいなくなった日本では、鶴の一声でこの問題を裁ける人物はいなかった。

第六章
ハードボイルド・アクション

大野幸太郎へのハッタリ

内田有作が生田スタジオ所長として『仮面ライダー』に取り組むさい、大野剣友会は必要不可欠の戦力だった。しかし『柔道一直線』できずいた両者の関係は良好だったものの、大野幸太郎は本来が時代劇志向である。そこで有作は大野を確実に引っぱり込むため、ひと芝居打った。「仮面ライダーの目標は、打倒ウルトラマンだ」と有作は大野にぶち上げたのだ。「だからもう一度、腕を貸してくれ」というわけである。しかし周囲の証言では、番組開始に当たって「ウルトラマン」という言葉が有作の口から出た形跡はまったくない。第一次怪獣ブームという社会現象にも有作が関心を示したことはないという。

このエピソードについて村枝賢一はこう証言する。

「まあ、内田さんのウソというかハッタリでしょう。大野さんは『柔道一直線』のときもすんなり引き受けたわけじゃない。原作の漫画本を剣友会に持ち帰ってメンバーに読ませたら、みんながやろうというので、自分のかわりに高橋一俊《かずとし》（通称・いっしゅん）さんを殺陣師《たてし》に仕立てたわけですよ。

だから大野さんをその気にさせるために見得を切ったんでしょうね。だいたい内田さんは上司の渡邊亮徳《よしのり》（通称・りょうとく、東映テレビ事業部部長、当時）さんから、低予算（一話につき四〇〇万円）でやれ、といわれているわけですからね。その亮徳さんが『ウルトラマン』を倒せ、とはいわないでしょう」

当時の状況として、有作は打倒ウルトラマンという目標のはるか以前に、まずは『仮面ライダー』という番組を成立させなければならなかった。しかしいくら非現実的だとはいえ、大野としても打倒ウルトラマンという夢を有作と共有することに悪い気はしなかっただろう。夢はないよりあったほうがいい。

大野剣友会は生田スタジオ開設時の大掃除まで引き受けており、有作との信頼関係は万全だった。

現・大野剣友会代表の岡田勝が語る。

「掃除は親父（大野幸太郎）に行けっていわれてね。たぶん（中村）文弥《ぶんや》さんがアタマで、若いやつが五、六人行ったのかな。おれと高橋（一俊）さんは行っていないよ。『柔道一直線』の撮影があったからね」

『柔道一直線』は七一年四月まで放映されており、『仮面ライダー』の初期には撮影が重なっていた。大野剣友会の一部メンバーは両番組を掛け持ちしていたわけである。

「初めて生田スタジオを見たときの印象は、まあ、掘っ立て小屋だよ。おれらは東映（大泉の撮影所）を見慣れていたから。

でも生田に愛着はあったよ。掃除に行った連中もいることだしね。内田さんが剣友会専用の控え室をつくってくれて、そこでメシを食えたり着替えができたりしたのはありがたかった。それにシャワーをつけてくれてね。水シャワーだったけど、夏場なんかはうれしかったよね。内田さ

んは大野剣友会をとても大事にしてくれたと思いますよ」（岡田勝）

他人の事故で動揺はしない

『仮面ライダー』の見せ場が、ライダーと怪人、あるいはライダーとショッカー戦闘員の格闘シーンであったことはたしかであり、さらにその格闘シーンは危険であればあるほど子供たちを楽しませる。ときにはショッカーになり、ときにはマスクをかぶってライダーになり、アクロバティックな格闘シーンを演じる大野剣友会メンバーは、いわば〝危険を売る男たち〟である。

撮影現場にいた山田哲久はこう振り返る。

「ぼくらは無責任に眺めていたけど、いま考えれば、よくあんな危ないことをやっていたなあという感じですね。飛び降りとか立ち回りとか、剣友会の人たちはなんでもやってくれました。ぼくらも撮影上のミスがないように緊張はしたけど、剣友会の人は真剣勝負ですよ。ほんのちょっとした気のゆるみが命にかかわる大事故につながるんですからね」

大野剣友会の〝危険伝説〟についてはすでに多くが語られている。まだCG（コンピューター・グラフィックス）が使われていなかった時代のことであり、特撮アクションはまさに強靱な肉体・精神と不可分だった。

別の意味での危険伝説でいえば、つかこうへいの舞台『蒲田行進曲』（初演、一九八〇）によって〝階段落ち〟が注目されたことがある。この話は東映京都撮影所を想定しており、新選組・

土方歳三に斬られる役の大部屋俳優・ヤスが主人公である。ヤスは土方を演じる銀四郎のため、そして銀四郎の子を宿している自分の婚約者の出産費用を稼ぐため、死を覚悟で十メートルの高さからの階段落ちを引き受けるのである。この『蒲田行進曲』は深作欣二監督で映画にもなり大ヒットした。ちなみに生田で活躍した高橋章は、この映画で毎日映画コンクールの美術賞を受賞している。

しかし、つかこうへい特有の情念的な世界観にくらべ、大野剣友会はじつにハードボイルドなのである。たとえば大惨事となった藤岡弘のオートバイ事故について、岡田勝はこう語る。

「藤岡さんがちょうどオートバイの走りをやっているとき、おれらはお化けマンション（鶴川団地）で撮影していたんです。その現場へ来た親父（大野幸太郎）が鉄塔を指さして、『岡田、あそこから飛び降りろ』っていうわけ。相当な高さでね、さすがに『そんなことをしたら死んじゃいます』なんて話をしていたら、制作の人が来て『藤岡さんが怪我をしたから今日の撮影は中止です』というので、『おっ、終わりだ。麻雀しようか』っていう具合でね。

その日のカネはもらえるわけだから、あとのことは関係ない。自分が怪我をするなんて考えてもいないし、他人の事故で動揺することなんてぜんぜんない。こっちはふだんから厳しい稽古をしているから大丈夫。どんなアクションであれ、やらせるほうも信用してやらせているんだから、自分は絶対にできるんだ、と思い込んでいるわけ」

〝デンジャー・イズ・マイ・ビジネス〟というわけである。自分自身に対する圧倒的な信頼は小気味いいというしかない。もちろんその信頼は、足の裏の皮がむけて毎日のように道場の床が血だらけになるほどの猛稽古に支えられていた。有作が大野幸太郎と剣友会のメンバーに万全の信頼を寄せ、できる限り厚遇したのは当然のことだろう。

殺陣の要素

殺陣や技斗《ぎとう》（現代劇の殺陣）、あるいはスタントというジャンルは、そもそも映像作品における裏方の部門だった。しかし『仮面ライダー』によって、いちやくその重要性が見直されるようになった。

やや専門的になるが、殺陣の歴史を研究する小川順子は、その構成を四つの要素でモデル化している（『チャンバラ時代劇映画における「殺陣」の変遷』より）。

- カットバックやクローズアップなどのカメラワークやCGの活用。
- 歌舞伎的、日本舞踊的なものから、バレエやジャズといったダンス的なものまで、すべてをふくむ「踊る」身体の技法。
- 手足や首が飛んだり、血飛沫が噴き上がったりする、いわば人間の身体を「モノ」化した映像表現。
- 伝統的な武術の型や身体技法を導入したもの。

ライダーファンなら十分に意図が伝わる解説だと思われる。つまり殺陣は、「カメラワークとCG」「舞踏的な躍動」「見せ物としての肉体」「伝統的武術」――この四要素から成り立っているということである。殺陣はスポーツとしての体操や格闘技、あるいは興行としてのサーカスと重なる部分はあっても本質的に違う。やはり殺陣は日本独特の芸能表現なのである。

子供たちは強い敵の出現と激しい格闘シーンを待ち望んでいる。したがって、殺陣師や殺陣のプレイヤーは番組の命運を握っていたわけである。

ここでは大野剣友会の岡田勝と、ＪＡＣ（ジャパン・アクション・クラブ）出身の金田治監督（現・ＪＡＥ＝ジャパンアクションエンタープライズ代表取締役社長）の証言をもとに、生田スタジオのアクションを振り返る。

後年、ふたりはそれぞれ団体の代表をつとめることになるが、そこに至るまでの道のりは、演じるアクションと同様にかなりハードなものだった。

日給は五〇〇〇円

岡田勝は埼玉県の高校で野球をやっていたが、先輩との上下関係でつまずき、実質的には半年ほどで高校を中退している。

「おれは高校をやめたあと家出したんですよ。いったんは家に戻ったんだけど、姉が大久保に住んでいたので、その六畳一間にいそうろうしてね。ロッテのガム工場で半年くらいバイトをやりながら日本テレビの俳優養成所に通っていたわけ。まあ、ほかにやることがないから週刊誌の広告を見て行ったんだけどね。

そこへ親父（大野幸太郎）が殺陣を教えに来ていて剣友会に誘われたんです。養成所では、わけのわからない発声練習とか、芝居の練習をやらされるわけですよ。おれは頭が悪いほうだし肉体派だからね。若いうちに運動をやりたい気持ちがあった。親父も若くてまだバリバリだったし、魅力はあったんですよ。あのごつい顔でひとことといわれると、あれっ、と思っちゃう。ただ、それでも一度は家に戻って稽古にも行かない時期があった。するとまた親父から声がかかって、そのときにちゃんと入会してから腰が据わった感じですね。剣友会みたいな徒弟制度になじまない人もいたし、家の事情があって二、三年でやめる人もいて、けっこう出入りはありましたよ。それはしょうがないよね」（岡田勝、以下同）

大野剣友会にはもちろん純粋な役者志望も大勢いたが、岡田のように行き場のない若者がたどりつく場所でもあったわけである。大野剣友会に限らず、広い意味で芸能界というところはそういう場所である。

「おれは最初、『キイハンター』や『プレイガール』なんかにちょこちょこ出ていた。そのあとが『柔道一直線』ですね。おれが十八歳か十九歳のころですよ。当時はなにをやっても日当は五〇〇〇円。飛び降りようが、ほかに危ないことをしようが五〇〇〇円。東映さんとうちの親父の取り決めがどうなっていたかぜんぜん知らないけど、おれらは日当の五〇〇〇円分を給料日にまとめてもらうわけ。二十歳すぎのころはほとんど毎日休みなしで仕事だったから、月の収入は十万円を超えていましたね。当時としてはいいカネですよ。それで結婚もできたし子供も育てられたわけですから。

最初のころ、おれらは（東京）鷺宮にある親父の持ち家のアパートに住んでいて、家賃が二〇〇〇円から三〇〇〇円。そこに八人くらいで住んでいました。カネがなくなったら『親父さん、食えません』って泣きつくわけ。ただ、酒さえ飲まなきゃカネはありましたね。若いやつばかりだから楽しかったねえ」

岡田は五〇年生まれで、二十一歳のときに『仮面ライダー』の放映が始まっている。そして、この時期から東映の特撮黄金時代が始まったわけである。ちなみに、七三年に契約社員として東映に入社した山田哲久の月給は五万円（手取りで四万五〇〇〇円、その他の残業手当や交通費支給、福利厚生はなし）だったという。

「仕事の話は、全部うちの親父と内田（有作）さんでやっていた。おれらは内田さんを遠目で見ていただけなんだけど、やっぱりトッポイ（不良っぽい）おっさんだよね。うちの親父もそうなんだけど、ヤクザの世界にいる雰囲気。でも、おれは内田さんが好きだったよ。ヤクザっぽい感じもよかったし、サラリーマンは理屈が多くてまいっちゃうけど、内田さんは理屈っぽいことも細かいこともいわなかった。うちの親父と同じでね」

有作と大野剣友会の相性がよかったことは番組の成功につながったばかりでなく、現場を引き締めるうえでも役立ったことは間違いない。やはり荒仕事の現場には強面でトッポイおっさんが必要なのである。

二十五歳の殺陣師

このころ、若手の殺陣師としてめきめき力をつけていったのが『柔道一直線』を担当した高橋一俊である。高橋の名は『仮面ライダー』の華麗なアクションでいちやく高まっていった。そしてその高橋をフォローしたのが岡田勝だった。

「高橋さんは、おれにすれば立ち回りの師匠。親父は芸能界の師匠であって、殺陣師という仕事は高橋さんに教わった。高橋さんは自分で率先してなんでもやる人でね。劇団ひまわりにいたとき、すでに剣友会みたいなものをつくっていた。そこへ親父が教えに行ったのがきっかけで、自分のグループを引き連れて大野剣友会に入ったんですね」

高橋一俊について、村枝賢一が意外な打ち明け話をする。

「じつをいうと、大野幸太郎さんは一俊さんのことを劇団ひまわりに行く前から知っていたんですよ。というのも、一俊さんは大野さんの家に泥棒に入ったらしいんです。おそらく庭先に忍び込んだかなんかしたんでしょうね。大野さんは一俊さんをとっ捕まえたんだけど、そのときに目をつけたんですね。こいつは身軽だし、いつか使えるんじゃないかと。大野さんは人間がでかいんですよ。この話は直接大野さんから個室で聞いた話ですから、剣友会でも知らない人はいっぱいいると思う」

高橋にとってはあまり名誉な話ともいえないだろうが、その後、高橋の人生はパン泥棒に始まる『レ・ミゼラブル』（ビクトル・ユゴー）のような展開を見せる。さしずめ大野幸太郎は、ジャン・バルジャンに銀食器を盗まれてもこれを許し、憲兵に自分が与えたものだと釈明した司教の役割だったのかもしれない。かつて日本一とも称された高橋一俊の殺陣師人生は、じつに波乱の幕開けだったのだ。


高橋一俊は四三年生まれで、岡田の七歳上になる。『柔道一直線』で大野幸太郎に殺陣師を命じられたのは高橋が二十五歳のときで、この世界では異例の若さだった。

「最初のうちは、おれなんか高橋さんに絶対服従ですよ。でも『柔道一直線』で高橋さんが立ち回りをつけるようになって、おれがフォローにつくようになった。それで距離が縮まった感じですね。

おれは殺陣師になろうとは思っていなかったんだけど、高橋さんがひとりで全部考えて役者に立ち回りをつけるのは大変なんですよ。『柔道一直線』は一対一の格闘シーンでしょ。それでおれが相手役をやって、ふたりで試しながら技を開発していった。

そのうちにだんだん忙しくなってきたので、『岡田、おまえが立ち回りをつけろ』っていわれたわけです。だから実際は、おれも『柔道一直線』のときに殺陣師はやっていたんですよ」

『仮面ライダー』の撮影に入ると、高橋一俊の役割は重要度を増していく。現場では実質的に大野の代理という立場になり、″カシラ″という呼び名が定着した。

「監督もアクションシーンはカシラにお任せでしたね。だからカシラは自分でアングルを決めて、『用意、はい』から『カット』に近いところまで自分でやっていましたからね。それまで殺陣師は監督の指示でやっていたんだろうけど、そこまでやる殺陣師はカシラが最初じゃないかな。特例ですよ」

現に『仮面ライダー』の台本では「ここで立ち回りよろしく」という程度の記述が多かったという。その一、二行の文章と前後のシーンを考え合わせて、高橋が立ち回りを仕上げていったわけである。そして『柔道一直線』の終盤と『仮面ライダー』のスタートが重なった時期には、高橋と岡田が交互に殺陣師をつとめるかたちになっていった。その時点で岡田は本格的に殺陣師になる決意を固めていたという。

「その下地はあったんですよ。じつは親父に『役者をやめろ。殺陣師になれ』といわれていてね。役者と殺陣師はぜんぜん違うんですよ。役者は表に出る仕事だし、みんなと同じように、おれも役者志望だった。それで三ヵ月くらいは荒れて酒を飲み歩いていたね。そのあと、ふんぎりをつけて殺陣師になろうと決めたわけ。

なぜ親父がそんなことをいったのかといえば、そのときはたぶん作品がいくつもあって、殺陣師がたりなかったんでしょう。岡田ならできるだろう、という気持ちもあったと思うしね」

大野幸太郎としては、岡田に限らずメンバーそれぞれに夢があることは理解していたはずである。実際、大野剣友会は芸能界におけるワンステップの場であり、最終ゴールではないと考えるメンバーが大半だったと思われる。その点では、会のオーナーである大野とメンバーとは基本的に同床異夢なのである。岡田が二十一歳で殺陣師の道へ進むと決めるまでに三ヵ月の時間を必要としたのはうなずける話である。そして大野にとって岡田の決断はじつに大きな意味を持つことになった。

生田には二度と行きたくない

四九年に新潟県柏崎市で生まれた金田治は、岡田勝と同様、さしたる目的もなく芸能界入りしたという。

「ぼくはとにかく勉強が嫌いで、中学を出たら東京へ働きに行こうと思っていた。でもたまたま高校入試に受かっちゃったから、卒業後に東京へ出て、なんの目的もなく東京デザイナー学院に入ったわけです。当時はカネさえ払えば誰でも入れた専門学校ですよ。

学校を出てアルバイトをしていたころ、うちの兄貴が日活の映画なんかでエキストラをやっていましてね。千葉真一がスタントマンのクラブをやっているらしいというんです。スタントマンという言葉はあったけど、外国映画のイメージだから日本じゃどうなのかな、という時代ですよ。でもぼくは体操やスキーをやっていたし、スタントマンは儲かると誰かにいわれて、七〇年にできたばかりのJACに面接に行ったわけ。

千葉さんと同じ日体大（日本体育大学）体操部出身の三隅（修、健二）さんという人がJAC

のリーダーで、月謝は六〇〇〇円。当時の六〇〇〇円はけっこうな金額でしたよ。大久保のスポーツ会館にある練習場に行ったら、メンバーが八人くらいいました。でもそれが全部じゃなくて、もう映画やテレビのロケに人を送っていたんですね。ぼくは『キイハンター』に千葉さんが出ているのは知っていたけど、別にかっこいいとも思わなかったし、好きでもなかった。ただ兄貴に乗せられた感じです」（金田治、以下同）

ここまでの金田の動きは、大野剣友会の岡田勝と共通する部分も多い。しかし、JACと大野剣友会では内情が違っていた。

「練習は月曜日から土曜日までやっていて、ぼくはアルバイトが終わったら体操や殺陣やトランポリンの練習をするわけ。メンバーには日体大の人が多かったから、そりゃあみんなうまいですよ。でもプロフェッショナルが指導するわけじゃないから、いまと違ってカリキュラムなんかないんですよ。飛び降りなんかでも『大丈夫だから行けえ』なんていわれちゃって。アクションはあくまでも芝居だから、その見せ方や教え方は千葉さんが役者として動いているなかで少しずつ見出していったんだろうね。そうやってカリキュラムを開拓していったわけです」

七〇年四月にJACを創設した千葉真一は、『柔道一直線』を見て、メンバーを使ってくれるよう有作に依頼している。そのつきあいが『仮面ライダー』につながったわけである。

しかし金田の生田の生田デビューは、ほろ苦いものになった。

「生田へ行かされたのは、ＪＡＣに入ってから何週間かしたころですよ。まだ練習生だったけど、人がたりないからおまえ行ってくれって。ぼくはそれまでにちょこっとテレビや本編には出ていたけど、生田へ行ったときはもうどきどきしちゃってね。

ライダーの1号か2号かな。大野剣友会さんが殺陣をやっていたけど、ぼくはトランポリンカットを一日で二話分まとめて撮らされたんですよ。赤土の造成地で、『はい正面、はい次は横、はい次、アオリ』って、それを休まずやらされるんだもの。

ＪＡＣからは先にうまいやつが行っているから、それがプレッシャーになるわけ。大野剣友会さんは見ているし、『初めてでできません』なんていえない。一発目でケツから落ちそうになったら、『大丈夫？　ちょっと練習するか？』なんてね。優しくしてくれるよ、剣友会の人も。でも本番になったらさあ、ライダーの面をかぶって、スーツを着て、だぶだぶの靴をはいてやるんだからね。体操着でやるのとはわけが違う。そういうのを先に教えておいてくれっていいたくなっちゃう。

やっとライダーが終わったら、次は怪人。その怪人だって、なんかキノコが生えていたりしてね。そんなもん、トランポリンで飛んだって浮くわけがない。ドッポンドッポンという感じでね。ただまあ、ちょっとでも浮けばなんとかなるんだけどね。スローモーションの四倍速で撮るから。

いまは『失敗してなにかいわれても気にするな』なんて人にはいうけど、実際に失敗したやつは気になりますよ。一日中『はあー』なんて落ち込んじゃう。とにかくぼくは下手だったからねえ。もう二度と行きたくない」

いま聞けば思わず笑いを誘うような話ではあるが、スーツアクターという仕事がいかに技量を必要とし、体を酷使するものであるかがわかる。しかも、JACでの収入はあまり恵まれたものではなかったという。

「あのころは、一日現場に行ったら二〇〇〇円なんですよ。アクションでなにか特別なことをやったら、それをプラスでつけてくれる。ただしどんぶり勘定だと思うよ。明細を見ると、たとえば二〇〇〇円かける六日間で一万二〇〇〇円。そこになんとか手当の五〇〇〇円とかつくわけ。朝から晩までやっても、一日ワンカットでも基本は二〇〇〇円。エキストラと同じだよね。ぼくはもっとカネがいいと思っていたよ。カネを稼ぐためにスタントマンになったのにね。だからカネの問題でやめていった人もいるしね」

この数字を聞く限り、生活の維持はぎりぎりだったに違いない。金田はこうした苦しい体験を糧《かて》として、アクション監督から本編の監督へ、JAC代表からJAE創設へと自分を成長させていくのである。

JACと大野剣友会

一方、『仮面ライダー』の現場において、大野剣友会とJACの関係はそれなりに難しいものだったという。高橋一俊のJACに対するライバル心が次第に強まり、JACの出番を奪っていったのだ。

「カシラは自分の一派をものすごく大事にしたい人。できるなら自分のところで全部やりたいという欲望があったと思う。おれは応援でも誰でも気にしなかったけどね。

JACはカシラが『柔道一直線』のときにトランポリンで使って、そのあとライダーでも使うようになった。最初はJACの若い子がやっていたけど、うちに体の軽いメンバーがいて、その子がトランポリンもできるということでね。やらせてみたらたしかにできる。それからその子を使ったトランポリンのシーンが増えていった。JACは戦闘員もやっていたけど、やっぱりカシラとしては納得できなかったんだろうね。

それに、自分のところの若い衆だったら怪我をしても内緒にしておけといえるだろうけど、やっぱり他人のところのメンバーを使ってなにかあったら、おおごとになるという心配もあったんじゃないかな。殺陣師の責任としてね」（岡田勝）

有作と大野幸太郎の関係が強固である一方、有作は千葉真一とも連携を保っていた。ライダー2号の佐々木剛とともに登場したFBI捜査官・滝和也は、千葉真一の実弟である千葉治郎が演じているのだ。

大野剣友会とJACの共存関係は、ひとまず有作をふくめたトップ同士の暗黙の了解事項だったはずである。しかし現場では、トップ同士の思惑とは別の世界が出現する。高橋が現場を仕切っている以上、高橋の考え方が浸透していくのは自然なことだろう。その後、ＪＡＣが東映特撮アクションの主流になっていくのは『秘密戦隊ゴレンジャー』（一九七五年四月〜七七年三月）のなかばからである。

さらに、当時の現場では見えなかった確執を村枝賢一が語る。

「『仮面ライダー』では、千葉治郎さんだけアクションが大野剣友会と違うんですよ。千葉治郎さんはボクシングを習いに行って、いろいろ研究していたんです。たとえばパンチを食らったときに、右に顔を振ったらすぐまた顔を正面に振り直す。そんなことをするのは千葉治郎さんだけなんですよ。

そうやって工夫しながら千葉治郎さんは『仮面ライダー』で名を上げていくんです。そして撮影のあとにＪＡＣの仲間を集めて、『今日はこんなアクションがあったよ』といって、体育館でもう一度研究し直す。大野剣友会の技術を吸収して、それでＪＡＣのメンバーは上達していくわけですよ。

そうしたら千葉真一さんが『弟をそろそろ返してくれ』と内田さんにいったんですね。ちょっと話があるから、ということで呼ばれて行ったら、正面に座っているのは千葉真一さん。その両脇を大葉健二さんとか春田純一さんとか屈強なメンバーが固めていて、内田さんはひとりですよ。そういうかたちで千葉治郎さんを取り戻す算段だった。でも内田さんとしては、千葉治郎さんを抜かれてはいちばん困る時期ですよ。ライダーが軌道に乗ってきた時期ですからね。

まず千葉真一さんのほうから『弟を返してほしいんだ』と切り出した途端、内田さんが『バカヤロー』と怒鳴って、いきなりビンタですよ。千葉真一さんに四の五のいわせる前にビンタを張った。JACの男たちは思わず腰を浮かせたけど、千葉真一さんはまあまあとそれを抑えて、あとは反論もなく『じゃあしばらく預けますから』という話になったらしいんです。

その話を聞いて、やっぱり内田さんは度胸が据わっているんだなあと思いましたね。年上の余裕というか、千葉真一さんを相手にしたって『この小僧が』くらいの感じだったんでしょう。あのころの大野剣友会も、生田の物騒なスタッフ連中も、そうやって仕切っていたんだなあと。

この件で千葉治郎さんが損をしたのなら、あまりいい話じゃないんですけどね。結果的には、千葉治郎さんを育てたのは『仮面ライダー』の現場だったということでしょう」

千葉兄弟に限らず、タレントの扱いは情も絡めば、貸し借りの問題も絡んでくる。なんとも答えが出しづらい場面では、最後に気迫がものをいうことになるだろう。先にも述べたとおり、有作が難局にあって相手を説得するときの決めゼリフは「おれの目を見ろ、なんにもいうな」だった。並の人間はこういうケレン味を発揮するとき、相手に真意が伝わるかどうかの問題以前に、自分が絵になるかどうかが気になる。スベった場面を想像すれば、とても口にできないセリフなのである。おそらく有作も、そして大事な場面で「腹を切る」という決めゼリフを使った大野幸太郎も、一瞬で講談や浪花節の世界に入り込める特別な才能があったに違いない。荒仕事の現場をまとめるリーダーには、ときに自己陶酔能力も必要なのである。

破門宣告

殺陣師としての実績を順調に積み重ねていた高橋一俊が、突然、独立を宣言したのは七六年のことである。大野幸太郎にも、岡田勝にも、不意打ちの宣言だった。その背景を岡田が語る。

「やっぱりカシラは自分の力を過信したというかなあ。とりあえず殺陣師としては、日本一だとか三本指だとか、あれだけほめられてね。それで独立しますといって、若手を全員連れて行こうとした。残ったのはおれのほかに飯塚実、中村文弥、中屋敷鉄也。おれらは親父さんに世話になったんだから、とカシラにいってね。拾ってくれたのは親父なんだから裏切って行けないよな、という話。

カシラは四天王が全員やめると思っていたけど、上のほうではカシラひとりだった。それで中堅をごそっと抜いて『ビッグアクション』をつくったんだね。親父としては大野剣友会から高橋剣友会に代をつなごうと思っていたんだろうけど、独立の時期が早すぎたのかなあ」

この独立はたんに信義の問題ということでは済まないはずである。メンバーはそれぞれ芸能人という個人事業主であり、向上心があれば同じ場所にとどまってはいない。大野幸太郎自身も、六四年に大内竜生が主宰する大内剣友会から独立している。大野と個人的なつながりの深い四人以外は高橋について行ったということであり、メンバーの多くが大野剣友会という居場所に次なる可能性を感じていなかったことになる。

とはいえ、ほとんど身銭を切るかたちで会を維持してきた大野の無念さは、高橋に対して「破門」(『大野剣友会伝』岡田勝・監修)という言葉を使ったところに痛切に表れている。それほど、大人の集団を師弟関係で長く率いるのは至難の業なのである。

さらに岡田が続ける。

「おれがカシラに対していちばんがっかりしたのは、自分が舞台に出て、殺陣師の出演料と役者の出演料を両方もらっていたこと。自分は役者として一手か二手しか絡まないくせにね。そういうことを考えれば、独立も最後はカネの問題になっちゃったのかな。揉める要因はそれしかない。根本的にはね」

信義、友情、共有する夢——人間の集団は様々な要素で成り立っているが、カネの問題を無視できないことはたしかである。岡田はその後の苦しい体験を経て、こういう結論に達したものと思われる。

なお、高橋が設立した新団体のビッグアクションは『快傑ズバット』など特撮番組のアクションを担当したほか、舞台公演でも活動した。そして現在は「オフィス・ビッグ」と名を変えて活動を継続している。

カネとロマン

以下は後日談である。高橋一俊は一時期、澤村竜王と名乗って活動していたが、九一年、四十八歳の若さで死去している。その晩年、高橋は大野との和解を願い、最終的には大野も高橋を受け入れた。破門から十年後のことである。その間のいきさつを岡田勝が語る。

「親父から電話をもらって、『高橋と仲直りするから』というんです。『どうしたんですか親父さん』と聞いたら、『じつは高橋がガンで、あといくばくも命がない。いまのうちに仲直りしないとかわいそうだし、おれも一生背負っていくのはいやだ。岡田、許してくれな』と。『それはかまいません。親父さんがそういうのなら』。

そのあと親父の家に呼ばれて、『なにかあったら高橋に協力してやってくれ。この先、長くないんだし』という話でした」

高橋一俊はかねがね大野との和解を願っていたが、大野は取り合わなかった。しかし高橋夫人からの電話で高橋の病状を知り、ようやく心を開いたのだという。岡田は大野の依頼で高橋と何度か会い、コーヒーを飲みながら親しく会話をしている。

「そういう面では、やっぱり親父は男です。それに親父と違うところは、やっぱり高橋さんは貧乏人。おれらと一緒でね。やっぱり大野の親父はカネを持っていた。そのうえ心も広い。人間の違いはそこですよ。やっぱりカネがなかったらなにもできない。親父も裕福というほどではないけど、親から受け継いだ財産があったからね。

若いやつらにラーメンを食わすのだって相手はひとりじゃない。五、六人のときもあれば十人のときもある。どんなに気持ちのいい男でも、どんなにしっかりした男でも、カネがなければやりたくてもできない。おれはいまごろになってそう思うね。ある程度の財力がなければ、男の魅力は出てこないね」

カネの面でいえば、大野幸太郎は剣友会で財を成したわけではない。むしろ大野家の財産は目減りする一方だった。

「毎日メシを食わせなきゃいけないから、ほんと大変だったね。俺には親父が遺した金があったから良かったんだけど、その財産はほとんどヤツらに食いつぶされたようなもんだな（笑）。あと、連中には部屋まで与えてやってたんだけど、みんな勝手に部屋を改造してボロボロにしちまうんだよ（苦笑）。でも、そんなこんなで剣友会が成り立ってたんだよな」（大野幸太郎・談『仮面ライダーSPIRITS　受け継がれる魂』）

ならば、大野幸太郎はなんのために大野剣友会を創設し、身銭を切って会を守ってきたのだろうか――。

端的にいってしまえば、それは男のロマンという厄介な病である。内田有作をはじめ生田に集まった面々が最後まで映像の世界でロマンを追ったように、大野幸太郎も男のロマンという厄介な病に取りつかれ、ついに生涯つきあってしまったということである。ただし性別を超えて、この種の病と生涯無縁の人間がいるとすれば、その人間は健康な心の持ち主とはいえないだろう。

肉体的には健常者であったとしても、その心にはロマンという栄養素が決定的に欠乏しているからである。

第七章
変身ゴールドラッシュ

未知のマーチャンダイジング

変身ブームを本書であえて定義すれば、「新スタジオ開設と新番組制作を同時進行するというスーパー・ハード・ミッションを敢行したタフな男たちが、発展途上のテレビ界にもたらした短くも輝かしい黄金の日々」ということになる。

その結果、想定外の規模に達した変身ブームの影響はテレビにとどまらず、映画、出版、音楽、玩具、食品（菓子）など、多くの分野におよんだ。もちろん、こうした状況においては巨額のカネが動く。ただし、本来であれば正当な受益者であるはずの東映生田スタジオは、ほんのわずかなおこぼれにしかあずかれなかった。なぜなら、収益の中心であるマーチャンダイジング（版権ビジネス）が東映本社と切り離されていたからである。

ここでひとまず、仮面ライダーに関連するマーチャンダイジングの規模を確認しておこう。『ウルトラマン対仮面ライダー』（池田憲章／高橋信之・編著）によれば、仮面ライダーシリーズ第五作『仮面ライダーストロンガー』終了時点（一九七五年十二月）でのライダー商品のアイテム総数は六〇〇品種にのぼり、ロイヤリティー（版権収入）は十二億円強、商品売り上げ総額は五〇〇億円（推定）だという（この数字は日本商品化権資料センターが発行する『マーチャンダイジングライツレポート』一九七六年一月号から引用されている）。

この金額のうち八〇パーセント以上がおもちゃの売り上げによっているが、ライダーの主題歌

「レッツゴー!!　ライダーキック」（日本コロムビア発売）は八十五万枚の売り上げを記録し、そのほかカルビーの「仮面ライダースナック」、ブリヂストンの自転車「ドレミシリーズ」など、大ヒット商品は枚挙にいとまがない。

この収益は東映本社を大いにうるおしたものの、生田スタジオが権利を主張するには至らなかった。それは本社の悪意ではなく、『仮面ライダー』の初期においては、まだ誰もマーチャンダイジングの本来の効果を知らなかったのである。

一九六〇年代から七〇年代初頭にかけて、テレビは急成長産業だったが、番組制作に関してはビジネスモデルを確立できていなかった。たとえば平山亨の『仮面ライダー名人列伝』によると、最高視聴率で三〇パーセントを誇った『柔道一直線』はエキストラ費用がかさんで毎回一〇〇万円前後の赤字。また子供番組に限らず、東映制作の目玉番組で視聴率が二〇パーセント超の『キイハンター』でさえ赤字だった。これはおそらく千葉真一や丹波哲郎など、有名俳優のギャラが釣り合わなかったためだろう。

さらに『円谷皐《のぼる》　ウルトラマンを語る』によれば、「『ウルトラマン』にしろ、『ウルトラセブン』にしろ、作れば作るほど赤字がでる構造になっていた」のだという。通常の制作予算が三十分番組で一本二五〇〇万円から三〇〇〇万円の時代、「ウルトラシリーズ」は制作費が約五五〇〇万円だったが、それでも毎回二〇〇〇万円の予算超過になり、五十本撮れば一億円の赤字になった。六八年の時点で円谷プロの実態は、「累積赤字は当時のお金で二億円に達していた」（『ウルトラマンが泣いている』円谷英明）という。そのため、六八年の暮れに東宝が円谷プロの増資を引き受け、円谷プロの役員十人のうち七人が東宝からの出向になり、一五〇人ほどいた社員を四十人に減らすリストラ策を実施している。先述した金城哲夫も、このことが直接のきっかけで円谷プロを退社した。

ともあれ、テレビ番組は制作費をケチれば視聴率を稼げずに仕事を失い、制作費をかければ赤字が増えるという悪循環が続いていた。とくにカネをケチれば一目瞭然でクオリティーが落ちる特撮番組は、まったく出口の見えない戦いを強いられていた。

『仮面ライダー』の制作予算は毎回四〇〇万円だったが、東映本社から生田スタジオの現場に下りてくる金額はおよそ二割減になる。もちろん引かれたカネは本社の営業経費などにまわるため搾取というわけではない。こうした寒々しいふところ具合のため、カネがかからない必殺技として登場したのがライダーキックであり、平山亨によればその発案者が生田スタジオ所長の内田有作であった、という事実は明記しておくべきだろう。

黄金を掘り続けろ

最終的に特撮ビジネスを救うのはマーチャンダイジングになるのだが、この生命線を断ち切られていた生田スタジオとしては、まず番組の制作本数を増やすしかなかった。そうしなければカネがまわらず、呼び集めたスタッフに仕事を提供できないのだ。

京都撮影所をリストラ同然に追われた経験のある平山亨は、ともかくスタッフを養えるだけの番組本数を維持するため、各テレビ局を駆けまわった。その結果、生田の地で〝変身ゴールドラッシュ〟が出現するのである。

以下は、七一年から七八年にかけて、東映生田スタジオで制作されたテレビ番組と劇場映画の一覧である。

（テレビ番組）
- 仮面ライダー（一九七一年四月〜一九七三年二月）
- 仮面ライダーV3（一九七三年二月〜一九七四年二月）
- 仮面ライダーX（一九七四年二月〜十月）
- 仮面ライダーアマゾン（一九七四年十月〜一九七五年三月）
- 仮面ライダーストロンガー（一九七五年四月〜十二月）
- 好き！　すき!!　魔女先生（一九七一年十月〜一九七二年三月）
- 超人バロム・1（一九七二年四月〜十一月）
- 変身忍者　嵐（一九七二年四月〜一九七三年二月）
- どっこい大作（一九七三年一月〜一九七四年三月）
- ロボット刑事（一九七三年四月〜九月）
- イナズマン（一九七三年十月〜一九七四年三月）

・イナズマンF（一九七四年四月〜九月）
・秘密戦隊ゴレンジャー（一九七五年四月〜一九七七年三月）
・アクマイザー3（一九七五年十月〜一九七六年六月）
・超神ビビューン（一九七六年七月〜一九七七年三月）
・5年3組魔法組（一九七六年十二月〜一九七七年十月）
・大鉄人17（一九七七年三月〜十一月）
・ジャッカー電撃隊（一九七七年四月〜十二月）
・透明ドリちゃん（一九七八年一月〜七月）

（劇場映画）

※テレビ作品のブローアップ版（テレビ用フィルムを劇場用にトリミングしたもの）は除く。

・仮面ライダー対ショッカー（一九七二年）
・仮面ライダー対じごく大使（一九七二年）
・仮面ライダーV3対デストロン怪人（一九七三年）
・五人ライダー対キングダーク（一九七四年）
・飛び出す立体映画イナズマン（一九七四年）
・フィンガー5の大冒険（一九七四年）
・秘密戦隊ゴレンジャー　爆弾ハリケーン（一九七六年）

・ジャッカー電撃隊VSゴレンジャー（一九七八年）

テレビシリーズ十九本、七八三話。映画八本。そのうち、『どっこい大作』と『フィンガー5の大冒険』を除いたすべてが変身ものである。生田スタジオが稼働した八年のうち、平均して年間一〇〇話のドラマと一本の短編映画が撮られたわけである。とくに本数の多かった七二年から七三年にかけては、年間一二〇話から一三〇話の制作ペースだったと思われる。メインステージがふたつしかない生田スタジオの規模を考えれば、驚異的なペースといえるだろう。しかもメインステージとはいっても、大手スタジオとくらべれば天と地の隔りがあったのだ。

当時の生田スタジオを振り返って山田哲久がいう。

「生田スタジオでは、開設時から驚くべき数のテレビ番組がつくられました。東映内であんなに活況をていした時期はめずらしいですよ。テレビ局の方針もあったんでしょうね。つまり、映画会社にどんどん娯楽アクション番組をつくらせろ、という考えです。

それに加えて東映本社テレビ事業部部長だった渡邊亮徳さんの営業力、平山さんの企画力、制作を進める有作さんのパワー。それらがうまくかみ合った結果、仕事だけは満ちあふれていた時代でした。それも手間とカネがかかる特撮アクション番組ですからね。

東映本社では、テレビ局から受注する三十分の子供番組は生田でつくらせるのが最も効率的だ、という考え方があったのかもしれません。大泉でつくらせたら、カネも時間も生田の二倍近くはかかったと思いますよ。社員は苛酷な労働を拒否しますから。

この番組数と話数、よくもあのおんぼろスタジオでつくれたものだと思います」

このとき、もし生田スタジオが存在しなければ、東映全体の制作能力はガタ落ちだったはずである。というのも、当時は労働組合の動きが激化する一方だったからである。七一年春の賃上げ闘争は紛糾し、銀座の東映本社は四月十七日から無期限のロックアウトに突入していた。そして解除までに十日間を要している。もちろん大泉（東京撮影所、東京制作所）もフル稼働というわけにはいかなかった。

こうした状況に照らせば、生田スタジオを開設した有作の功績は限りなく大きい。しかも、七一年から七二年にかけては、変身ブームが生み出す黄金の埋蔵量はまだ十分に残されていると思われていたのだ。

労務者になったヒーロー

変身ブームが最高潮に達していた七二年六月、藤岡弘が不可解な失踪事件を起こした。同年七月から始まる東映まんがまつりのメイン作品『仮面ライダー対じごく大使』を撮影中のことだった。

この事件を追った『週刊平凡』（一九七二年六月二十九日号）は次のような見出しを立てている。

「失踪9日間！　仮面ライダー　藤岡弘が追いつめられて労務者生活まで……」

さらにリードの文章は以下のとおりである。

「ブラウン管のなかでは超能力をもつ〝ライダー〟藤岡弘だが、『赤ひげ』（NHK）出演をめぐるトラブルでは、なぜか、ヘンシーンはかなわなかったようだ――。」

NHKは七二年十月からテレビドラマ『赤ひげ』を放送する予定で、五月に準主役・保本登役のオーディションを行った。応募していた藤岡は最終審査を突破してこの役を勝ち取る。しかしなにも知らされていない毎日放送は怒り心頭だった。藤岡が『赤ひげ』に出演することになれば、スケジュール的に『仮面ライダー』と掛け持ちはできないからである。そして同年六月七日、毎日放送、東映、藤岡側の三者が東映本社で対応を協議中に藤岡は突然席を立ち、行き先も告げずに姿をくらましてしまう。以降、九日間にわたって藤岡は行方不明になってしまった。

『週刊平凡』の記事を続けよう。

「そのときは彼は愛車〈フェアレディー〉を、茅ケ崎（神奈川県）の海岸へ飛ばした。―中略―彼の〝放浪〟は伊豆のサボテン公園からふたたび茅ケ崎へ。それから川崎市内の豊口幸也さん（兄・裕さんの知人＝建設会社『基礎工業』主任）宅へとつづく。

翌日の六月十一日から、田村という偽名で、豊口さんの働く工事現場で労務者としての生活を始めた。失踪当時の所持金一万八〇〇〇円をつかい果たしていたので、日給の代わりに、一万円を豊口さんから前借りした。

川崎市内の市《いち》の坪《つぼ》。大きなクレーンがそそりたつ市営高層住宅工事現場。GIの野戦服にヘルメット姿の彼を『仮面ライダー』の〝本郷猛〟と見破った同僚はひとりもいなかった。『アメリカ人の流れ者が来た！』と大騒ぎになったが……。

毎朝八時半から午後五時まで、全身汗まみれになって働く毎日。昼は安うどん、夜は飯場で安酒をあおった。

ようやく彼が自宅（東京・目黒区）に帰ったのは、十六日午前二時。彼の行方を心配した家族が捜査願いを出す寸前だった」


この状況は毎日放送ばかりでなく、東映にとっても藤岡のオートバイ事故に匹敵する重大危機だったはずである。なにしろ主演俳優が行方不明になったのだから、番組の続行は再び危ぶまれるのだ。

ところが、後年の有作や関係者の証言からは、まるでこの事件に対する危機感が感じ取れない。有作や当時の関係者に取材した高橋和光はこう語る。

「〝赤ひげ事件〟ですね。有作さんに話を振ったんですけど、あまり具体的な返答がなかったですね。どちらかというと、『ああ、またその話か』みたいな。『藤岡のオートバイ事故でさんざん苦しめられたのだから、そのことを思えばたいしたことはないよ』という感じです。

この事件については、毎日放送の映画部でいちばん若手だった左近洋一さんに話を聞いても、『そうだったっけ』というくらいで、不思議なくらい軽く流しちゃう。

当時、ぼくたちの間ではけっこう大問題でしたよ。藤岡弘が川崎で土方をやっていたらしいぞってね。でもあとになって、それがフェイクだとみんな感じました。誰もフェイクだとはいわないけど、週刊誌の報道の行間ににじみ出ていましたよ。さすが、やり手のマネージャー・平田崑です」

失踪劇のシナリオ

この証言には解説が必要だろう。平田崑は、藤岡が所属していた事務所の社長である。平田が藤岡のオーディション参加をまったく知らなかったとは考えにくい。むしろ平田は藤岡を子供番組のスターから脱皮させたいと考えていたはずである。しかし藤岡がオーディションに受かった結果、スケジュールの調整がつかず毎日放送の強い怒りを買ってしまった。事前の根回しが十分できていなかったことになるだろう。

この場合、契約期間の問題は別にして、テレビ界の仁義として非は藤岡側にある。放っておけば藤岡のヒーローイメージにも傷がつく。そこで平田は、藤岡をテレビ界の圧力におびやかされる悲劇の逃亡者に仕立てた。その逃亡中に毎日放送、NHK、東映との根回しをすませ、ころあいを見て藤岡を復帰させる。

——以上のような推察がなりたつということである。そうであれば有作があわてる必要はない。当面の応急処置と、波風の立たない後始末をほどこしておけばいい。

姿を現した藤岡のいいぶんは以下のようなものである。

「結論（『赤ひげ』出演を断念するかどうかの）を迫られましたが、冷静に考えられない重苦しい状態でした。それに、ぼく自身納得できないことをいわれて……もちろん、いまは後悔してま

すけど」（『週刊平凡』一九七二年六月二十九日号、以下同）

さらに藤岡はこう続ける。

「俳優というのはつくづく弱いものだ。俳優の人権なんてまったくみとめてもらえないんだなあと、情けなくなったんです」

テレビ業界屈指の強面で鳴っていた渡邊亮徳（東映テレビ・本部長、当時）は次のようにコメントしている。

「とにかくこまってますよ。1クール、2クールの約束でも、長くつづくことはおおいにあるわけですしねえ。しかし……。

まあ、藤岡クンがＮＨＫのオーディションを受けたことは、個人の意思であり、自由だと思います。

だけど両方に出演するのはスケジュール的にムリです。こっちとしては、10月以降も『仮面ライダー』に出るように、藤岡クンを説得するよりしようがありません」

およそ渡邊らしからぬ歯切れの悪さなのである。とはいえ、結末が見えていれば適度に相手を立てておけばいい。大人の対応をしておけばいいのである。こうして、本来であれば重大危機だったはずの藤岡失踪事件は、撮影現場の一時的な混乱を招きはしたものの、重大危機には至らず収束した。

藤岡はその後、ＮＨＫ大河ドラマ『勝海舟』（一九七四）に坂本龍馬役で出演するが、これは藤岡に同情的な平山亨の手引きだったという。また藤岡は、この事件で励ましを受けたファンへの感謝として「本郷猛の会」を立ち上げている。こうした経緯を見ると、高橋和光が「さすが、やり手のマネージャー・平田崑です」と感心した理由がよくわかる。こういう究極の場面でのやりくりもマネジメントの醍醐味なのである。

最後に、この記事に載った藤岡のコメントを紹介しておこう。

「もし『仮面ライダー』に出演できるとすれば、だまってやりますよ。だれもできない、ぼくだけの『仮面ライダー』をやります。でも、こんどのことはいい勉強になりました。ぼく自身を大きく見守ってくれる人がはっきりわかった。人生勉強になりましたよ」

藤岡は事件の責任をひとりで負うかたちになったが、むしろ男を上げる結果になったと見ていいだろう。もっとも、本当の勝利者は平田崑社長だったのかもしれない。

ヒーロー番組の光と影

藤岡弘の失踪事件とも関連するが、日本の芸能界では〝ヒーロー歴隠し〟という慣習がある。俳優が一度でもヒーローを演じると、その役のイメージがしみついてしまい、ほかの役が来なくなってしまうという理由によっている。有名なところでは、奥田瑛二が『円盤戦争バンキッド』(一九七六)の主役を演じたあと、まったく仕事の声がかからなくなり、ホームレス生活を強いられたというエピソードがある。

平成に入り、『仮面ライダークウガ』（二〇〇〇）で主役の五代雄介を演じたオダギリジョーがブレイクし、その後のイケメン路線も功を奏して『仮面ライダー』は若手の登竜門と位置づけられることもある。しかし、まだ総じてヒーロー番組の出演歴はマイナス効果と考えて公表しないケースも多い。つまり、それほどヒーロー役というのは強烈なイメージを残すのであり、ほかのジャンルでは見られない傾向である。そしてもちろんこの問題が俳優生命にかかわる可能性を含んでいる以上、公表の有無は各自の自由な選択であり、第三者が口をはさむ問題ではない。

ヒーロー歴隠しとは別の意味になるが、藤岡弘が子供たちのヒーローという立場にとどまっていたくなかったのは、上昇志向を持つ俳優として当然の気持ちだろう。それは現場で働くスタッフにも当てはまる。俳優と同じことで、ジャリ番を第一希望とするスタッフが皆無だったとはいえないにしても、やはりジャリ番はあまり人気のない職場だったのである。

日本大学芸術学部を卒業し、生粋の映画青年を自任しながらジャリ番を担当していた山田哲久はこう語る。

「劇場映画や大人向けの番組をつくっていた人たちはもちろんのこと、当時は社会一般の人だってジャリ番を見下していました。それは当然です。東映の特撮ものにしたって、子供騙しの連続です。世界征服といいながら警備が手薄な研究所の科学者を誘拐したり、幼稚園児の通園バスを人質に取ったり。敵の戦闘員は少ないし、装備はただの棒きれ。しかも敵の本部だって洞窟でしょう。そして都合よく変身ですからね。

東映のなかで『仮面ライダー』はいまでこそ存在が大きいけど、当時はジャリ番に対してみんな関心がなかった。生田スタジオに対しても、ああいう子供騙しで儲けているんだからっていう見方ですよ。

ジャリ番担当者もそれぞれに考え方はあったでしょうが、劣等感とかそんなことはしばらく忘れて、まずは映画の周辺で生きのびる。そんな感じでしたね」

なにやら身もふたもない証言ではあるものの、これが一面の現実だろう。山田ばかりでなく、特撮関係者や生田スタッフのなかに同じような感覚を持つ人物がいても不思議ではない。ひとたびジャリ番否定主義に立てば、いくらでもマイナス材料はあげられる。ならば大人番組や大人向け映画が社会から尊敬されるべき職場だといえるのかどうかそういった単純な比較論ではなく、これはむしろ個人的な価値観の問題である。誰しも自分が望まない仕事をやるのはつらいことだが、結局は自分の意志で選んだ職場である以上、突破口は自分で切り拓くしかない。

「そのころ、助監督のなかで不平不満も愚痴のひとつもこぼさないチーフ助監督がいたんです。長石多可男さんと平山公夫さんです。このふたりは担当番組の脚本を書いて平山プロデューサーに見せていました。そして採用されていたんです。

大泉の撮影所では、脚本はプロのライターの選任事項みたいなものだったので、こういう例はなかったですね。ふたりの存在はぼくにとって救いでした。恵まれない環境でもやる気を起こさせてくれたんです。

長石さんから『おまえも脚本を書けよ。ただ助監督をやっていても進歩はないよ』といわれて、『イナズマンF』の現場をやりながら書いた『青い瞳のインベーダー』の脚本が採用されました（クレジットは加藤貢のペンネーム・楯岡八郎と共作）。このときは、前作の『イナズマン』の視聴率が悪くなっていたので、平山さんはシナリオの決定を若い部下の加藤貢プロデューサーに全面的に任せていたんです。

まあ、敗戦処理みたいなものですね。平山さんがノータッチ状態の間隙をぬって、加藤さんは自分好みの脚本をひとりで決裁していました。子供番組なのに内容が虚無的だったり、クールだったり、ちょっと異色な特撮ヒーロー番組になっていきましたから、視聴率は下がったでしょうね。一部の関係者から『イナズマンF』をほめられましたけど、ぼくが貢献したわけじゃありません。ただ、脚本を書いた新人助監督ということで有作さんにちょっと気に入られて、伊上勝さんや鈴木尚之（脚本家）さんに会わせてもらったりはしました」（山田哲久）

月光仮面の意地

娯楽の新旧交代、すなわちテレビと映画の新旧交代は、その世界で働くものたちの生き残りをかけた戦いでもある。ただし、誰もが先を争って新しい勝ち馬に乗りたがるわけではない。いつの時代であれ、変わろうとするものもいれば、変わるまいとするものもいる。

たとえば、明治末期に歌舞伎が新メディアの映画をさげすんだのは狭量・傲慢と非難することもできるが、伝統を愛し守ってきたものたちの矜持ともいえる。映画とテレビの関係も同様であろう。時代の流れとはいえ、根っからの映画青年がたやすくテレビ青年に変わることはないのである。

いいかたを変えれば、映画からテレビに移ったものたちの多くは、メシを食うため、追われるように住み慣れた場所を去ったのである。さらにジャリ番の担当ともなれば、もともと映画志望だった人間にとって、気の重い働き場所であって当然である。歌舞伎座の花形をめざしていた役者が、小学生向けの子供歌舞伎専門にまわされるようなものだからである。

一方、いつの時代でも新しいメディアには新しい才能が集まる。漫画、アニメ、ゲームなどの世界を見ればそれがよくわかる。

日本のテレビにおける仮面ヒーロー第一号は五八年に放映された『月光仮面』（川内康範　原作・脚本）だが、番組を制作したのは宣弘社という広告代理店である。

映画と違ってテレビ番組の制作にはスポンサーが必要であり、テレビ局とスポンサーをつなぐ窓口として広告代理店が重要な存在になった。テレビの登場で存在価値を高めた広告代理店にとって、映画への劣等感もジャリ番コンプレックスも無縁のものである。敵はむしろ日本の子供たちをとりこにしていた『スーパーマン』などのアメリカ製テレビ映画だった。それゆえに宣弘社社長の小林利雄は、国産ヒーローの誕生にこだわった。

そもそも『月光仮面』は、テレビ局とスポンサーから出される制作費があまりにも安く引き受け手がないため、番組枠を押さえていた宣弘社がやむなく宣弘社プロダクションをつくって制作に乗り出した経緯がある。『「月光仮面」を創った男たち』（樋口尚文）によれば、当時の制作費は一話十分で十五万円だったという。国内で三十分番組をつくるには最低でも八十万円から一〇〇万円はかかるといわれていた時代のことである。

『月光仮面』のスタッフは、東映の大部屋俳優から主演に抜擢された大瀬康一をはじめ、大半が映画界のかたすみにいたアウトサイダーたちである。しかし、この若き無名のスタッフたちは、ひたすら明日に向かって突っ走った。撮影カメラは十六ミリの手巻きで、ワンカット最大二十八秒しか撮れない。撮影場所は東京・白金にあった小林社長宅の応接間、ガレージなどがフル活用され、小林の息子も出演者に駆り出された。ロケ隊の移動には乗り合いバスも使われ、予算不足はアイデアと肉体の酷使でカバーするしかなかった。まさに「大学生の自主映画並みの手づくり感覚」（同上）であった。しかしこの若者たちの奮闘によって子供たちはテレビに引き込まれ、その子供たちの成長にともなってテレビは巨大産業へと成長していくのである。

伊上勝と宣弘社

五八年に明治大学文学部を卒業した伊上勝（本名・井上正喜）が宣弘社の入社試験を受けるさい、持参した『遊星王子』の企画書を小林社長に見せて受かった、というエピソードは有名である。そして伊上は入社してすぐさま『遊星王子』の脚本を書き、番組は同年十一月から放映された。この作品は、銀座の路上で靴みがきをしている男が主人公で、宇宙人の侵略を受けると遊星王子になって戦うという設定である。

五九年から六五年まで宣弘社に在籍し、伊上とも親交が深かった作詞家の阿久悠（本名・深田公之）は、『遊星王子』についてこう語っている。

「宣弘社の一番良いところが、そういう所なんです。実に乱暴というかね」（『伊上勝評伝　昭和ヒーロー像を作った男』井上敏樹／竹中清・著）

たまたま訪れた受験生の企画案が半年あまりでテレビ番組になり、連続ドラマとして放映されたのだからたしかに乱暴な話ではある。同時に、伊上の才能を早々に見抜いた小林の眼力もたしかだったわけである。

なお、阿久悠が入社した年の宣弘社の試験問題は、「昭和三十三年十二月一日号と仮定して、『週刊朝日』『週刊アサヒ芸能』『女性自身』のトップ記事を立てなさい」（『ネオンサインと月光仮面』佐々木守）というものだった。小林がどういう人材・才能を求めていたのか、その一端をかいま見ることができる。

伊上は、宣弘社の自由闊達で放任主義的な社風にぴたりとはまった。なんら迷いなくジャリ番の世界に飛び込み、水を得た魚のように生き生きと泳ぎ始めたのである。『遊星王子』に続いて『豹《ジャガー》の眼』『怪傑ハリマオ』の脚本を社員ライターとして書き上げた伊上は、六二年から六五年にかけて『隠密剣士』で大ヒットを飛ばす。この間の伊上は、漫画家・上村一夫など宣弘社に集まった異才たちと交わりながら、縦横無尽に才能を開花させていった。そして伊上は六五年に独立を決心し、フリーの脚本家になる。

伊上の長男である井上敏樹はこう語る。

「親父は群馬県の生まれで、おじいちゃん(伊上の父親)は保険会社の社員だったらしいけど、そこをやめて焼酎の会社をつくろうとしたんだね。それで大失敗して最後は家でぶらぶらしていたらしい。だから井上家はもともと〝やわらかい筋〟なんだよね。

親父は小説家になりたかったらしいけど、まあ無理だろうというので宣弘社に入ったと聞いている。だから最初はサラリーマンライターでいいと思っていたはずだよね。『隠密剣士』が当たったので、調子こいて独立したんじゃないかな」

紙芝居の極意

スランプで酒におぼれ、多額の借金まで抱えた伊上の苦しい晩年を思えば、家族としては宣弘社に残っていてほしかったのかもしれない。しかしその場合、平山亨との黄金コンビは生まれていなかったことになる。

プロデューサーとして伊上の才能にとことんほれ込んだ平山は、『悪魔くん』(一九六六)を皮切りに『仮面の忍者　赤影』(一九六七)、『ジャイアントロボ』(一九六七)と立て続けに脚本を依頼した。そして七〇年にスタートした仮面ライダー・プロジェクトにも伊上を招き、メイン脚本家に据えている。

「平山さんはうちの親父を愛していたから、甘いの。うちの親父も平山さんには甘えていた。やっぱり平山さんは親父の脚本が好きだったんだよね。親父が死んだあと、『仮面の忍者　赤影』の脚本を全部貸してくれといってきた。脚本を書くときの省略法というのかな、弟子たちに読ませて親父の作法を教えたいということだった。

だけど親父には作法なんかなにもなくて、子供のときに見た紙芝居がすべてなんだよ。脚本の勉強もしなかったたし、ちゃんとした理論武装もできなかった。親父も伝説の人にはなったけど、いまじゃ通用しない脚本だからね。でも、それはそれでいい。あの時代には合っていたんだから」（井上敏樹）

井上はなかなか厳しい評価を下しているが、もちろん伊上の才能や作品を否定しているわけではない。家族として、あるいは同業者として、伊上の全盛期が短かったことを惜しむゆえに出る言葉だろう。というのも、井上自身がライダーカード集めに熱中し、大量にライダースナックを買い込んでは、こっそりお菓子だけを捨てる子供だったのである。敏樹少年はすっかり伊上脚本の術中にはまっていたわけである。

昭和ライダー、平成ライダー、ともにくわしい村枝賢一は、伊上と井上の関係を次のように見ている。

「井上さんご本人にお会いしたことはないんですが、失礼ながら井上さんはまだお父さんに対する反抗期が続いているように感じます。本人は無意識なんでしょうけど、井上さんの著書を読む限りではそんな印象を持ちますね。伊上さんが父親として問題があったことは阿部（征司）さんから何度も話を聞いているので、井上さんの父親に対する気持ちはよくわかります。

ただ、紙芝居をなめちゃだめだと思いますよ。伊上さんの時代は子供しか『仮面ライダー』を見なかった。だから黄金のルーティンで正しかったんだと思います。逆にそれ以上やっちゃだめだったでしょう。

平成になると、大人や主婦たちを巻き込んでいこうというシナリオになっています。だから井上さんが書く平成ライダーの世界はそれでいいんです。でも伊上さんの脚本がいま通用しないんじゃなくて、『仮面ライダー』を必要とする人たちが、昭和と平成・令和では違うんです。

伊上さんへの評価を別にすれば、井上さんが書く平成ライダーはとてもいい感じだと思いますけどね」


紙芝居作者として『黄金バット』などを描き、のちに作家へと転じた加太こうじの『紙芝居昭和史』によれば、東京の街頭紙芝居屋は戦後の四八年末で三〇〇〇人、五〇年には全国で五万人を数えたという。さらにこの時期には、東京だけで一〇〇人の紙芝居画家が一日に一五〇〇枚前後の絵を描いていたともいう。つまり、ひとりの画家が毎日十五枚の絵を描いていたのである。

紙芝居作者兼画家からは、水木しげる、白土三平、小島剛夕などのすぐれた漫画家が生まれたことは周知のとおりである。また『紙芝居　街角のメディア』（山本武利）によれば、四九年における全国の紙芝居観客数は一日で一七〇〇万人、一年で六億二一〇〇万人に達している。

その紙芝居と入れ替わるようにして、子供たちの心をつかんだのがテレビである。つまり紙芝居の魅力を理解していることは、ジャリ番の極意をつかんでいることと同じ意味だったのである。

紙芝居は子供たちにとって娯楽の王者であり、それだけに創作者は大変な技量と才能を求められた。たとえば『墓場の鬼太郎』を五十巻、一〇〇巻という大河ドラマ形式で描いていた水木しげるは次のように記している。

「紙芝居は、一巻十枚ごとが勝負で、一巻失敗したらスルメやアメが売れない。ウケなかったといって中断することもできない。初めからかきなおすわけにもいかない。とにかく、始めてしまったら、何が何でも続け、ウケさせなければならないのだ。それを百巻かくとしたら、三ヵ月間、毎日、必ずおもしろい話を作り続けなければならないわけで、こんなおそろしい創作活動は、ちょっと他にはないだろう」（『紙芝居昭和史』岩波現代文庫所収の解説）

水木が紙芝居で体験した創作活動は、自分で生み出した妖怪よりよほどおそろしかったようである。晩年の伊上勝も創作活動については水木と同じ恐怖を味わったに違いない。

そして紙芝居の申し子である伊上を誰よりも評価していたのが平山だった。

「現代が舞台の時代劇『仮面ライダー』は伊上さんあっての番組だった。あの世界は伊上さんだから出来たのだ。現代の風俗なのに、出てくる人物は完全に時代劇。それがまた、あの奇っ怪な物語を嘘でなくして却って身近に感じさせたのだ」（『仮面ライダー名人列伝』）

この言葉をかみくだいていえば、要するに伊上の脚本は紙芝居的な面白さにあふれていたということだろう。

信頼と裏切り

ともあれ、平山が伊上に最大限の敬意を払っていたことはたしかである。井上敏樹もこの点は感謝を惜しまない。

「おれは平山さんが大好きだった。親父の才能にほれて、ずっと使い続けてくれた。だけど親父はその気持ちをずっと裏切った。それでも平山さんは親父を許した。

むかしの人はすごいよ。いまそんなプロデューサーはいない。親父の特技は信頼を裏切ることだった。あとは借金。平山さんには謝るしかないよね。親父がご迷惑をかけましたって」

伊上の裏切りというのは、原稿の締め切りから逃げまわり、何度も平山を窮地に立たせたことである。プロデューサーにはつきものの試練ともいえるが、伊上はその限度を越えていたのである。

平山は、もし脚本の遅れでクランクインが一日ずれ込んだ場合、およそ一〇〇万円の損害が出た、と自著（同上）で述懐している。伊上の居留守の手伝いまでさせられた井上としては、いまだにいたたまれない気分であるに違いない。

その一方で、七〇年代後半からの伊上は〝書かなかった〟のではなく〝書けなかった〟という事実がある。『伊上勝評伝』には、「書斎の布団の中で、どうしても書けない苦しみから、ひとりで泣いている父の姿を母は何度も見た」という井上自身の記述がある。加えて、極度のスランプにともなう伊上のアルコール依存、自殺未遂、愛人の存在、井上家の借金苦までを、井上は詳細に記している。伊上の様子からは、視聴者の子供たちがじつはかなり厳正な批評家であり、その好奇心を満たし続けることが、いかに苛酷な作業だったかを思い知らされる。

「親父は月に最高で九本書いたといっていたけど、それは一時的なもの。親父の現役はそんなに長くないんだよね。おれが高校生のころはもうだめだった。ぱっと書いて、ぱっと散った、そんな感じだね。だからうちはカネがなくてさ。当時は再放送やビデオなんかの印税もなかったからね。おれは親父にかわってサラ金の借金を返すために脚本を書いた。最初はいやいや始めたんだよ」（井上敏樹）

いまではトップクラスの脚本家となった井上敏樹は、伊上勝のつくりあげた『仮面ライダー』がいまだに続いている理由をどう考えているのだろうか。

「やっぱりみんなヒーローものが好きなんだろうね。わかりやすいし。だけど、もともと仮面ライダーはショッカーがつくった改造人間でしょう。ショッカーにとってライダーは裏切り者の逃亡者なんだよ。だから本当のライダーは根が暗いんだよ。ただし敵に追われながらでも人々のために頑張る。マイナスの部分を抱えながらも人々のために尽くす。そういう姿勢がよかったんじゃないかな。

いまの仮面ライダーは違うけどね。いまの仮面ライダーは、本来の仮面ライダーとして生きているわけじゃないと思うね。おれは改造人間という設定が大好きだけど、いまの時代、人間を改造するという設定はたぶんできないんじゃないかな」

昭和ライダーと平成ライダーでは、脚本の前提条件が大きく変わった。その変化のひとつにコンプライアンス問題がある。特撮やアニメに詳しい村上深夜が内実を語る。

「改造人間という設定は臓器移植のコンプライアンスに引っかかるというので、髙寺（成紀プロデューサー）さんたちが見直しをしたんです。実際に臓器移植を受ける方が増えていて差別感につながりかねないので」

髙寺成紀プロデューサーは平成版の『仮面ライダークウガ』『仮面ライダー響鬼』などを担当し、様々な新機軸を生み出した。その一環としてコンプライアンスの見直しがなされたわけである。現在、子供番組では飲酒、喫煙シーンもご法度だが、井上はその制約に抵抗し、想像のなかでの飲酒シーンを書いたという。このあたりが井上らしい。

脚本家の生き様

他方、平成になって制作母体も大きく変化した。多数の出資会社が参画する製作委員会方式が定着し、同時に脚本家の立場も変わったという。その背景を山田哲久が説明する。

「昭和の時代はまだ東映も力が残っていました。テレビ局も東映という伝統のある会社に制作を頼むという気持ちがあったわけです。映画会社のほうが経験豊富だということでね。

いまの映画づくりは、多数の出資会社が製作委員会に入るから、内容への意見は分散化されてしまう。かつて、平山（亨）さんや阿部（征司）さんが東映を代表する権限を持つプロデューサーだったころ、制作が次の段階へ進むときなど、脚本家、監督、プロデューサーの三者でだいたい方向性が決められましたが、いまは状況が違います。

近ごろは十人近くが製作委員会の会議に来ます。みんなが脚本を読める（映像作品として脚本を理解できる）わけではないですから、それぞれ見解は異なります。当然のことで好みも理想も違いますからね。そうなれば中心になるプロデューサーの権限は低下して調整能力に重きを置くようになる。脚本家だってとりあえずみんなに合わせておこうと、そんな感じになってもおかしくないですね」

製作委員会は日本映画独特の方式だが、その有効性と欠陥については様々な議論がある。共同出資方式でカネは集めやすくなるものの、出資者の意向によって作品内容が左右されたり、リスクヘッジ優先で野心的な企画が出ないなど、一長一短という見方が多い。しかし現時点では映画制作に必要不可欠な方式になっていることも間違いない。

その問題に関連して、井上は現代の脚本家気質に活を入れる。

「脚本家につまらないやつが多いんだね。だからだめなんだよ。みんなの意見をまとめるようなやつばかりで。要するに情熱がないということ。そんなに書きたいものもないんだろうし、一生懸命にやっていない。そこが頭にくる。

だいたい三十代の脚本家連中は、一生懸命に貯金をしたり、金《きん》を買ったり、株を買ったりしているんだからね。脚本家は生き様が大事なんだよ。まあ、脚本家が主張を通そうとするとクビになったり、仕事が来なくなることもあるからね。使いづらいっていわれて。だから、いまはみんなの意見を聞いて器用にまとめるほうがすごく売れる。つまり脚本家じゃないんだよね、最近は。まとめ屋さんみたい。

だけど、個人の才能を信じて仕事を振るプロデューサーが少なくなったような気がするね。とにかくうまく現場をまわしたいわけ。プロデューサーもサラリーマンだからね」

井上が正論を貫けるのは、その実績に負っている部分が大きいように思われる。井上個人として、これからどんな脚本家人生をたどるのだろうか。

「番組の関係者はいっぱいいるけど、全員に向かって書いちゃだめ。ひとりのために書く。親父は平山さんのために書いたんだ。自分を認めてくれる人のためにね。それでいいと思う。当たっても当たらなくても、あなたのために書くと。それがいちばん美しい。重要なのは信頼関係だよ。いまおれは白倉《しらくら》（伸一郎プロデューサー）のために書いている。使ってくれる人のために書く。恥はかかせたくないからね」（井上敏樹）

いい脚本が合議制や多数決からは生まれないという前提がある以上、井上の言葉には説得力がある。『仮面ライダー』を統括する白倉プロデューサーは本望であるだろうし、同時に、脚本家とプロデューサーの関係は真剣勝負にならざるを得ないだろう。

そして井上はこう続ける。

「いまの番組づくりのキモは視聴率とおもちゃの売り上げ。その数字をどう解釈して次に向かうか、そういうことはぜんぶプロデューサーが背負っている。物書きは気にしちゃいかんよ。親父は別に反面教師じゃないんだけど、おれがやるべきことは、締め切りを守る、仕事は真面目にやる、そして脚本で完璧におれを表現したい」

九一年十一月、伊上勝は六十歳で世を去った。最後の脚本は久し振りに執筆した八八年の『水戸黄門』だった。

伊上の人生をたどると、創作することの快楽と苦痛を、これほど真っ正直に見せつけた脚本家はいなかっただろうと思わせられる。調子に乗れば新幹線の東京・大阪間であっという間に一本の脚本を仕上げ、だめなときは何日間も逃亡して女と酒におぼれる——。

この伊上の生き様と、井上が語った平成・令和の脚本家気質をくらべれば、まさに昭和は遠くなりにけり、という感慨にふける。そして、伊上勝というまるで駄々っ子のような昭和の天才文士が不滅のヒーロー・仮面ライダーを縦横無尽に活躍させたことを思い起こすと、なおいっそうライダーやショッカーや怪人たちがいとおしくなってくるのである。

井上敏樹は『伊上勝評伝』をこうしめくくっている。

「打ち上げ花火のような人生だったと言う人もいる。確かにそうかもしれない。—中略—だが、父の打ち上げた花火はただの花火ではなかった。それは見る者を驚かせる華麗さに満ちた、夜空一杯に広がる花束だった。

打ち上げ花火はすぐに消える。だが、父の作品は今でも立派に残っている。それはいつまでも消えない父の花火の残像である」

——井上の父親に対する気持ちは、この文章において最も素直に表現されているのではないだろうか。

第八章

ショーほど素敵な商売は……

カネの成る木

『仮面ライダー』のマーチャンダイジング収入が生田スタジオの経済を直接うるおわせることはなかったが、有作の思いつきにより、思わぬ副収入を得ることになった。仮面ライダーのアトラクションショーである。この催しが始まったきっかけについて、村枝賢一は次のような話を聞いている。

「撮影で使った着ぐるみがだぶついちゃって、捨てるのはもったいないと。そこで内田さんが大野剣友会を使ってショーをやろうと思いついた。そういう話です。

最初は剣友会の空いているメンバーを使っていたけど、剣友会のメンバーはあとから増やせるということで、どんどん拡大していったんですね。ひどいときはコブラ男の着ぐるみしかないのにショーを受けちゃったので、剣友会じゃないスタッフが着ぐるみに入って、コブラ男だけでショーをやったらしいです」

特撮キャラクターが登場する催しは、ゴジラやウルトラマン関連で小規模に行われていたが、本格的なアクションを実演で披露するのは仮面ライダーショーが初めてである。ただし『仮面ライダー』第八話、九話の北海道ロケでは、宿泊先のヘルスセンターで岡田勝、飯塚実、瀬嶋達佳ら八名の大野剣友会メンバーがすでにショーを演じていた。これはヘルスセンターとのタイアップ条件にふくまれるものであった。

「カネがあるとかないとかは、うちの親父（大野幸太郎）と内田さんの関係だからね。とりあえずタイアップは取れたけど安いカネだったんでしょう。ショーでカネを取って宿代に当ててね。ちょっとえげつないけど、それで全部まかなったわけです。ショーをやったのはそれが初めてだったんじゃないかなあ」（岡田勝）

この北海道ロケについては、宿についたロケ隊が「山本リンダ御一行様」という看板を見て唖然としたとか、佐々木剛が予定にないサイン会に駆り出されて猛抗議したとか、大野剣友会が帰りの旅費も与えられず途中でショーをやりながら東京へ帰りついたとか、様々なエピソードが伝わっている。その内容はどうやら真実に近いようで、事前の計画がまさに場当たり的だったことを表している。もちろん最終責任は有作にあるわけだが、生田スタジオ建設当時の荒っぽさと強引さはこういう場面でも発揮されていたのである。

しかし、結局は貧乏所帯のやりくりのなかからアトラクションショーというカネの成る木が生えてきた、ということになるだろう。有作は、興行の経験があった進行主任の松野公造（仮名）に業務としてのアトラクションショーを任せた。

七一年七月、毎日放送の招きによって大阪で行われた実演ショーは警官隊が観客整理に当たるほどの大盛況だった。東京では豊島園を皮切りに池袋のデパートなどでもショーが行われ、いずれも大成功をおさめた結果、松野のもとには地方からも公演依頼が殺到した。

奇跡を呼ぶヒーロー

さらに、仮面ライダーショーはひとつの奇跡を起こしている。

大野剣友会の滑川広志は母親が身体障碍者施設につとめていた。その母親の依頼でメンバーが施設へ慰問に訪れたさいのできごとである。ショーを演じ終えて施設から出ようとしたメンバーに「帰らないで」と呼びかけた子供がいる。歩けないはずのその子供は車椅子から立ち上がり、必死の形相で二歩、三歩とメンバーに近づいた。

あり得ないことが起きて現場にいた先生方は驚くことしきりだったが、それ以上の驚異は、この日をさかいにその子供は歩けるようになったのだという。できすぎた美談と思われるかもしれないが、これは事実である。

「おれは慰問に行ったことはないんだけど、その話は親父（大野幸太郎）に聞いています。親父はそういう話に弱いからね。けっこう長い間慰問は続けていましたよ。

おれらだって憧れのスターがいたら近づいて握手したいよね。仮面ライダーが目の前にいて、少しでも近づきたくて歩けなかった子が歩き出す。そういうことが起こり得る作品にかかわったことはすごいことだと思う」（岡田勝）

このエピソードを本で知ったという大畑晃一は、キャラクターデザインとの関連でこう述べている。

「子供はヒーローを、心のなかで一種の神とか救世主のように崇めている。だからヒーローものはそれだけ人知を超えた力を持っているのかな、と思うんです。

大人が見ればたんにつくりものの番組だけど、子供から見ればそれは非常にリアリティーがあって、自分たちの日常のなかでとても大事にしてくれているんだなって感じますよね。だから自分がデザインをする場合でも、そういう気持ちは壊さないようにしたいと思います」

かつてベーブ・ルースは、落馬事故で瀕死の状態にあったジョニーという少年に「水曜日の試合できみのためにホームランを打つ」とサインしたボールを送った。そして当日、ルースは約束どおり三本のホームランを放つ。急激に回復したジョニーは成人したのち、入院していた晩年のルースを見舞い、海軍軍人として立派に成長した姿を見せたという。

この一〇〇年近く前のエピソードは何度も本に書かれ、映画でも取り上げられてきた。そして初めてこの事実を知った人々は野球というスポーツにいっそう愛着を抱き、なおかつルースが本物の英雄であったことを悟るのである。

「そういうことは時代が変わっても普遍的な要素だと思う。だからライダーに限らず、おもちゃメーカーは普遍的に売れるキャラクターをほしがるけど、それはいくら頭のなかで企画として練り上げても難しいですよね」（大畑晃一）

奇跡を起こせるヒーローは、その存在自体が奇跡といってもいい。ゆえに、その創造過程に人知がおよばない部分があるのは当然のことなのだろう。そして同時に、ヒーローを演じる大野剣友会メンバーの誠意と熱意がなければ障碍児を歩かせることはできなかった。そのこともまた事実なのである。

長島温泉の熱狂

仮面ライダーショーが佳境に入った七三年、有作は進行主任だった古泉雅を松野公造のもとに催事担当補佐として送った。古泉に興行の経験はなかったが、有作は古泉の現場対応能力を高く評価していたのである。期待どおりに手腕を発揮した古泉は、いっそうショーの本数を増やしていく。

「ライダーでいちばん要望が多かったのは『V3』のときかな。人気度でいってもね。当初はせいぜい二班くらいだったけど、ぼくは多いときだと十班組んだことがある。派遣するのは関東から中部の長島温泉（三重県）くらいまで。いつもふつうに五班くらいは出ていましたね。

最初に長島温泉に行ったときは、年の暮れだったけどあまり待遇がよくないんですよ。ところが年が明けて元旦になった途端、車が地平線の向こうに見えなくなるくらいならんじゃって、もう観衆の整理だけで大変ですよ。そうしたらホテルの副社長がすっ飛んできて特別室に変更ですよ」（古泉雅、以下同）

仮面ライダーショーの人気ぶりは全国におよび、大野剣友会によるチーム編成だけではまかないきれないため、代理業者や新編成のチームも登場することになった。

「デパートなんかは入場無料だけど、会館なんかでやるときは興行主がカネを取っていたと思いますね。うちから業者に卸すのがだいたい三十五万円くらい。それを業者が四十万円か五十万円くらいで主催者に売っていたんじゃないかな。

ワンチームの編成は十一名くらいいるわけです。うちは三十五万円のなかで大野剣友会に十万円払って、あとは着ぐるみで二十万円ほど持っていかれる。司会のふたりには二万円払っていたけど、われわれの経費もかかるから、それ以上は払えない。

だから司会のふたりにはそれぞれチームをつくれといったんです。そうすればうちは十万円払うと。チームで受けて、ひとり五〇〇〇円でメンバーを九人集めれば四万五〇〇〇円。手残りは五万五〇〇〇円になるだろうと。水田正雄はそれをつくったんだけど、もうひとりはつくれなかった。ショッカーＯ野は、水田のチームに在籍していたんです」（古泉雅）

古泉の話に出てきたふたりの司会者は、ひとりが仲トンボという平凡太郎《たいらぼんたろう》の弟子、もうひとりが横山次郎（本名・水田正雄）で横山ノックの弟子だという。平凡太郎と横山ノックは昭和生まれなら周知のお笑い芸人だが、仮面ライダーの関連で名前が出てくると、つくづく芸能界は不思議なつながりが生まれる場所だという感じを抱く。

なお、ショッカーＯ野という人物は、特撮界が生んだ異能の人である。現在の肩書は、フリーライター、イベントプロデューサー、スタントマン、司会者、専門学校講師、テレビ・ラジオパーソナリティー、声優であり、かつては石森プロのマネージャーもつとめていた時期がある。ちなみにショッカーＯ野という芸名は石ノ森章太郎に公認されたものである。

また、かつて声優・宮村優子のファンの集いが京成立石で行われたさい、ショッカーＯ野はたまたま訪れていた庵野秀明にバンジージャンプを伝授したという秘話もある。Ｏ野によれば、最初は恐る恐るの庵野だったが、ライダーキックのバリエーションを試しながら結局は十回近く飛んだという。仮面ライダー五十年の歴史は、じつにバラエティーに富んだ人材をはぐくんできたのである。

ヤクザvs大野剣友会

実演ショーの地方興行といえば、七〇年代はどうしてもヤクザとのかかわりが出てくる。古泉も例にもれず、かなり厳しい場面に遭遇している。

「長島温泉の初日だったかな。浜松のヤクザで山崎（仮名）と名乗るやつが出てきましてね。ぼくをテーブルにドーンと叩きつけて、『海に沈める』っていうわけ。ぼくも若かったから、こりゃあもう死んじゃうかなって。

というのは、山崎の息子がショーの子役で出ていたんですよ。松野さんがよく使っていたんですね。そのあとぼくが行って、山崎としては息子にかっこよく立ち回りをさせたかったんだろうけど、ぼくが司会しかやらせなかったから怒っちゃってね。最後はこんなとがった靴で股間をけられて、半年たたなくなっちゃった。

まあこれは個人の恨みですよね。だけどヤクザにカネを払ったことはないし、要求されたこともありません。ただ、あいさつがないといって、いやがらせを受けたことはありますよ。ショーの最中に電気コードを抜かれて音が出なくなっちゃったりしてね」

五〇年代後半から七〇年代にかけて、三代目山口組組長・田岡一雄が実質的に美空ひばりの興行権を握っていたことでもわかるとおり、芸能界とヤクザの関係は深かった。地方の興行では地元ヤクザへのあいさつが欠かせず、堅気とヤクザの境界線がいまよりもかなり曖昧な時代であった。ヤクザのほうも芸能界と一般市民を仲介する窓口だと心得ており、実際に芸能関係者はヤクザを重宝していた面もある。とくに興行における両者の関係は持ちつ持たれつだった。ヤクザが顕著に市民の敵として変質していくのは、バブルで拝金主義が横行して以降のことである。

「ほかのところでもなんべんも喧嘩はありましたよ。ぼくらが街を歩いているとヤクザが四、五人出てきて、パーンとぶつかるわけですよ。こっちは大野剣友会でしょ。そのままじゃすまないんでね。

ぼくが責任者だからこっちからいちばん強いのを出して、向こうにもいちばん強いやつを出させて一対一で喧嘩をさせたんです。そこで勝負をつける。それでおたがい文句なしにしようと。だけどこっちは大野剣友会で毎日猛稽古をしているわけだから、簡単に勝っちゃうんですよ。けっこうな騒ぎにはなりましたね。警察は来なかったけど。

あとは飲み屋に行くじゃないですか。十人くらい連れて知らない街のキャバレーみたいな店に入ると、こっちはいかにも目つきの悪そうなのがそろっているから、女の子が誰もつかないんですよ。それでビールを十本くらい飲んで、会計を頼んだら十万とか十一万だっていうわけ。ママに『ちょっと高いんじゃないの、女の子もつかないのに』っていったら、ケツモチ（用心棒）のヤクザが出てくるわけですよ。

まあ向こうは、どこか地方の組のヤクザが来たと思ったんでしょうね。ママだってわれわれに女の子をつかせちゃまずいと思ったはずですよ。ぼくは出てきたヤクザに事情を説明して『半値にしろよ。こんど来たらまた払うからよ』って。

相手もビビりますよね。大野剣友会のでかいやつらが十人くらい、後ろでにらんでいるから。それで結局は半値で済ませましたけどね。ママはブーブー文句をいってたけど」

古泉のヤクザ話はまだまだ終わらない。

「熱海でやったときは、稲川会の大幹部の家へあいさつに行ったんですよ。すごい豪邸でしたね。あいさつのあとで飲みに行こうよって誘われて、高級クラブに行ったんです。

そうしたら『東映さん、一曲歌ってよ』ってぼくにいうわけ。それで、いまでもよく歌ったなあと思うんだけど、ぼくは北島三郎の『歩』という曲を歌ったんです。〝肩で風きる王将よりも、俺は持ちたい歩のこころ〟っていう歌詞で、子分の歌なんですよ。

相手は大親分ですからね。怒られるかもしれないなあとは思ったけど、いい親分でね。『うん、いいねえ。よく歌ってくれた。今後、もし新横浜から関西の手前でなにかあったらいつでも相談に来い』っていわれましたよ」

北島三郎のおかげで、古泉は稲川会の縄張りなら大手を振って歩けるというお墨付きを得たことになる。〝大野剣友会vsヤクザ〟という興味津々の対決は、おおむね大野剣友会の勝利か引き分けで終わったようである。

唐沢寿明の体験

とはいえ、もちろん地方興行の目的がヤクザとの喧嘩であるわけではない。あくまでも子供たちを楽しませることである。

「子供たちはみんな『スターが来た！』という感じで熱狂的でしたね。大野剣友会も劇団関係者も、みんな手抜きをしないで芝居は精一杯やっていましたね。

何年かあとのことですけど、ショー関係の事業も東映テレビ・プロダクションの事業部に一本化されていくわけです。その事業部で東映アクション・クラブという養成所をつくって、五十人から一〇〇人くらいの生徒がいました。そのなかに唐沢寿明がいたんです。

『仮面ライダースーパー1』のころ、ぼくは主役とかバイクのスタントマンとか唐沢たちを全部素面にしてショーに出しました。いい男が三人そろっていたのでね。

会場には朝からお客さんが二〇〇〇人くらい来ているんです。でもお目当ては夜にやる西城秀樹ショーですよ。そのあとのお目当ては翌日に出演する顔を真っ黒に塗ったシャネルズでしたね。

われわれは午後一時からの公演なので、午前十時くらいから練習しているわけ。でも女の子たちはみんな無視ですよ。だって西城秀樹を見に来ているんだから。でもリハーサルが終わって本番になったら、みんな衣裳に着替えて、バイクは飛び出すし、ドカーンと爆発もするし、そのうえいい男が出ているんです。唐沢なんかはバク転しながら舞台から落っこちたりしてね。

ショーが終わると、二十人から三十人くらいの女の子たちが楽屋に来るんです。その半分が唐沢のファン。そのときにセリフはなかったけど、当時から唐沢がブレイクする兆候はあったね」

唐沢寿明は高校を中退後、十六歳で東映アクション・クラブに入り、テレビの『仮面ライダー』にもショッカー役などで出演していた。その合間にアトラクションショーにも出るようになっていたのである。

「行川《なめがわ》アイランド（千葉県勝浦市）でやったときは十数人のショーで、今度は劇団も絡んでいるからセリフが多いんです。唐沢は悪役の息子で、最終的には寝返る役だったからちょっと難しい役どころでしたね。でも前夜に唐沢にセリフをしゃべらせてみたら、もう聞いていられないんですよ、下手くそで。それからひと晩徹夜で練習ですよ。そうしたら、本番はバッチリうまいんです。驚くぐらいにね。やっぱり才能はあったんですよね。

ただ、ちょっとショッキングな事件もあったんです。麻布の東京ガス店でやった少人数のショーに唐沢を連れて行ったんですよ。そうしたら、となりのビルの七階くらいの屋上に女の子が座っていて、いまにも飛び降りそうだったんです。誰が見ても自殺しそうだってわかる雰囲気でした。こっちへ飛び降りて来たら怪我人が出ちゃうから、われわれも下から様子を見ていたわけです。

そのときに東京ガスの人とビルの管理人さんと唐沢が三人で屋上に上がって行って、管理人さんが女の子を押さえようとしたら、その瞬間に飛び降りちゃった。それで死んじゃったんです。

その夜、東京ガスの責任者と司会者と唐沢とぼくの四人が新宿で飲みましてね、唐沢はひと晩中ずーっと泣いていましたよ。唐沢は反射的にすっ飛んで行って見ず知らずの女の子を助けようとしたんだから、それは偉いと思うよ。まああって慰めたけど、こればっかりはねえ。唐沢はいまでも覚えているんじゃないかな」（古泉雅）

唐沢寿明は役者への道を無我夢中で模索しているさなか、たまたま飛び降り事件に遭遇してしまった。その衝撃を唐沢は自著『ふたり』でこう記している。

「人間の死というものを間近に、それも一番ショッキングな形で体験した最初のできごとだった。人は死ぬんだ。その夜、目を閉じると彼女の青白い顔が浮かんできそうで、おれは闇に目を凝らしたまま、そんな当たり前といえば当たり前のことを考えていた。どんなことが原因で死を選んだのかはもちろんわからないけれど、おれは死にたくない、どんなことがあっても自分から死を選ぶことはしない。役者になれるかどうかはわからない。今の生活を他人が見ると、そんな将来がやってくる可能性はほとんどゼロに近いと言うだろう。でも自分では、いつか必ず役者になれると思っていた。こんなに強く望んでいるのだから、なれないはずがないと。やれるだけのことはやろう。いつか、人は死ぬのだから、やりたいことをやりたいようにやりたかった」

無数の若者が芸能界というつかみどころのない世界に集まってくる。だが当初の夢を実現させたものは決して多くないはずである。とはいえ、芸能界は無名の若者たちの夢を育てる苗床《なえどこ》になっていることも事実であり、その末端の現場として仮面ライダーショーがあった。ジャリ番のヒット作が、ひとりの若者に将来をめざす機会を与えていたことは覚えておいていい。

なお唐沢は九二年、二十九歳でテレビドラマ『愛という名のもとに』に主演し、トレンディー俳優として一気にブレイクした。ここで紹介した著書『ふたり』は九六年に発刊されベストセラーになっている。

ショーの新戦略

大野剣友会による後楽園の仮面ライダーショーは七一年から始まっていた。当初の脚本・演出は映画やテレビ関係の専門家に任されていたが、ほどなくして大野幸太郎がすべてを取り仕切るようになった。七二年に「仮面ライダー新1号」が登場するころになると公演は一日に五回、最も盛り上がった七三年の『V3』のころは、一日に七回公演の記録がある。

『大野剣友会伝』によれば、メンバーの食事は後楽園球場の巨人軍選手用食堂で調理された弁当で、公演後すぐに入れる風呂があり、夏場は専用のアルバイトが氷をくだいてメンバーに提供した。さらに衣裳は選手用のクリーニング店で洗われていたという。まさにVIP待遇である。

しかし、全国各地で展開されていたショーのなかでも大野剣友会の公演は人気・内容ともに別格で、もちろん集客力もすさまじかった。当時の子供たちにとって、大野剣友会は王貞治や長嶋茂雄にならぶスーパースターだったのかもしれない。

東映本社では、生田スタジオが展開するアトラクションショーとは別に、同様の企画が検討されていた。生田スタジオのショーはもちろん本社に無許可で行われていたわけではなく、東映テレビプロが管轄していた。したがってショーの収益がそのまま生田スタジオのものになるわけではなかった。ただしテレビプロがショーの実態を細部まで把握していたかといえば、そういうわけではなさそうである。ショーの出演料は〝取っ払い〟、すなわち当日の現金払いであり、収益額は生田スタジオの自主申告に近いかたちになる。大きなカネが動くだけに、本社としては早急に本格的な事業として見直す考えだった。

『ウルトラマン対仮面ライダー』（池田憲章／高橋信之、編著）によれば、本社主催による関東初のライダーショーは、七一年十二月に東京・神田の共立講堂で行われている。そこで手ごたえをつかんだ渡邊亮徳（専務、当時）の指示によって、東映芸能の芸能部次長・相原芳男がライダーショーのセールスを全国的に展開していった。その方式は、全国各地に代理店を設置し、東京からの派遣ではなく、各地で独自にチームを組んでショーを請け負うものである。代理店の設置によって地元での出演者募集が可能になり、交通費の多寡にかかわらず全国一律のパック料金でショーを開催できることになった。

なお、東映芸能という会社は東映歌舞伎（時代劇俳優を使った舞台劇）を主催していたが、当時は下火になっていた。そこで渡邊が大部屋俳優をライダーショーに使おうと思い立ったのだという。しかし、ライダーショーの人気ぶりは当然ながら渡邊の耳に入っていたはずであり、将来有望なショーの興行を生田スタジオに任せておくわけにはいかないと考えたに違いない。

この新たな動きにより、生田で松野公造と大野剣友会を中心に展開していたショーは本社とバッティングすることになった。そうなれば、ショーが本社の興行として一本化されるのは時間の問題だった。古泉がショーの担当に任命されたのは、その移行期間中だった可能性が高い。

しかし問題は、ショーが本社に一本化されるまでにタイムラグがあったことである。その間に生田で得た収益がどのように処理されたのか、取っ払いのシステムではどうしても不透明にならざるを得ない。そのあたりの疑惑が徐々に表面化し、スタッフ間における不協和音の原因になっていった。

その一方で、有作はスタジオ経営でも徐々に追いつめられていった。ハイペースで制作してきた番組がいずれも短期間で終了し、経営基盤が確立できていなかったのである。

第九章
東映スピリット

両方得する〝りょうとく〟

昭和を象徴するキーワードのひとつに〝猛烈サラリーマン〟という呼称がある。東映テレビ部で平山亨の上司になった渡邊亮徳はその代表格ともいえる人物だったが、その突出した存在感が影響して業界には敵も多かった。そのうえ渡邊は権力の絶頂で交際費の私的流用疑惑が発覚し、悪名を高めた末に失脚している。しかし部下だった平山と有作は、渡邊に対して終生にわたり最敬礼で接していた。その背景にはなにがあるのか。まずは、平山が渡邊のもとで働くまでのいきさつを見ておこう。

平山は東京大学文学部を卒業後の五四年、東映入社と同時に京都撮影所行きを命じられた。徒弟制度そのままの京都撮影所で、東大出エリートの平山はさんざんいびられたという。それでも九年間の京都在任中、一三〇本以上の映画に助監督として参加し、さらに監督昇格を果たした平山は、満を持して『銭形平次捕物控』(一九六三)と『三匹の浪人』(一九六四)を発表した。

しかしこの二作品は当たりを取れず、六五年に入るとまったく仕事がなくなってしまう。社員監督だけに給料は出たものの、しばらくは自宅待機を命じられ、不安にかられた平山は職業安定所を訪ねるありさまだった。この時期、会社としては監督に当たらない映画をつくられるくらいなら、家で寝ていてもらったほうがずっとありがたかったのである。

助監督にとって監督への昇格は共通の夢であり、脚本の試作品を何本も書いてプロデューサーや先輩監督にアピールする。ただし、念願かなって監督になれば、栄誉と引き換えに新たな義務が生じる。完成した作品の評価も興行成績も監督とプロデューサーが責任を負うのである。そして監督は助監督と違って作品を当てなければあっさり仕事を失う。

これはどんな大監督でも例外が許されない。巨匠と呼ばれた内田吐夢も「映画監督は大関と同じ。二場所負け越せば陥落する」という意味の発言を残している。当時の大相撲もそういう規定だったが、愚連隊から成り上がった吐夢にすれば、もっと厳しい覚悟があったはずである。つまり映画は興行として見れば観客を奪い合う抗争であり、メシの種を賭けた大博打なのである。負ければどんないいわけも通用せず、あっという間に食いつめる。実際、カネをかけた大作で失敗すれば長らく戦犯扱いされるのだ。

映画の観客動員数が驚くべきペースで落ち込み、京都撮影所の閉鎖もしきりにささやかれるなか、監督業に見切りをつけた平山は、テレビプロデューサーへの転属を受け入れて一路東京へ向かった。

東映テレビ部は東京・銀座の東映本社ビル七階にあった。平山が着任した六五年十二月の時点では、直属の上司に当たる渡邊亮徳はテレビ部次長になっていた。

渡邊はまさに豪腕のテレビマンだが、若き日には成果を上げれば上げるほど同僚にねたまれるようなタイプだった。しかし結果がほしい上司にとってはじつに頼もしい部下でもあった。身内での評判の悪さとカネづかいの荒さをがまんすれば、なんとしても結果は出すのだ。

三〇年に東京で生まれた渡邊は、専修大学卒業後の五二年に東映に入社している。渡邊の自己紹介に必ず出てくるのは「東京六大学の卒業生以外で、東映の役員になったのはおれだけだ」という自慢話である。要するに自分は叩き上げの実力者だと誇示しつつ、学歴については微妙に自虐的でもあり、そのあたりがなかなか味わい深い。

さらに「あなたも得する、わたしも得する。両方得する〝りょうとく〟です」という、聞きようによってはフーテンの寅さんまがいの口上になると、もはや相手は笑ってうなずくしかない。しかしその場限りのご愛嬌ではあっても、相手の印象に残るツボを心得ている。そういう泥臭いクレバーさが渡邊の真骨頂なのである。そのうえ接待攻勢の派手さも半端ではなく、本人の馬力も加わって人脈づくりでは他者の追随を許さなかった。部下だった平山や有作が渡邊を下へも置かなかった理由は、渡邊が有言実行で頼りになる親分だったからなのだ。

仮面とカリスマ

渡邊亮徳が大阪の毎日放送（MBS）から新番組の企画を依頼されたのは、七〇年六月のことである。毎日放送は、土曜日の夜七時半からの三十分枠で圧倒的な視聴率を誇る『部長刑事』（朝日放送、関西地区）と『お笑い頭の体操』（TBS、関東地区）の打倒を悲願としていた。

この新番組プロジェクトでは、企画発案から『仮面ライダー』の正式決定に至るまで、議論が二転三転したことはよく知られている。ここでは簡単にその流れを確認しておく。

まず渡邊は、平山亨プロデューサーと石森プロ・加藤昇マネージャーを相手に協議を重ねた。そして当時流行中のスポ根ものではなく、実写の仮面ヒーローものでいくと決めた。すでにスポ根ブームは峠を越えたものと見なし、六九年から七一年にかけて放映された人気アニメ『タイガーマスク』に注目したのである。改造人間というアイデアの原点は、初期に起こされた「仮面天使（マスク・エンジェル）」の企画書に盛り込まれている。

次の段階で脚本家の市川森一、上原正三、伊上勝がプロジェクトに加わり、「十字仮面（クロスファイヤー）」というキャラクターを設定したのが九月上旬。このとき、毎日放送の編成局長・廣瀬隆一から〝オートバイに乗るスーパーヒーローもの〟という注文が出されている。ここで石ノ森章太郎がデザイン担当で登場し、十月には阿部征司プロデューサーが参加する。渡邊の指示のもと、平山、加藤、阿部が『週刊ぼくらマガジン』編集長になっていた内田勝と交渉し、十二月末にはテレビと雑誌のメディアミックスが確定している。

なお『少年マガジン』の全盛期を支えた伝説的な編集長・内田勝は『スパイキャッチャーJ《ジェイ》3《スリー》』（NET、一九六五）を通じて渡邊と知り合い、それ以降はたがいの才能を認め合う強固な信頼関係にあった。

翌七一年に入り、「十字仮面」をデザインした石ノ森から髑髏《どくろ》の顔を持つ「スカルマン」への変更要請が出された。しかしこの案には渡邊と毎日放送から反対意見が出され、その後にようやくバッタをモチーフにした「仮面ライダー」が誕生した。もっとも、この昆虫のマスクをつけた異形のヒーローには誰もが手放しで賛同したわけではない。いわば、時間に追われながらの駆け込み決裁に近い状況でもあった。

この最終決定に至るまで、キャラクターおよびタイトル案は以下のように変化していった。「マスクマンK」「仮面天使（マスク・エンジェル）」「十字仮面（クロスファイヤー）」「十字仮面・仮面ライダー」「仮面ライダースカルマン」「仮面ライダーホッパーキング」「仮面ライダー」。そのほか、石森プロからは「ファイヤー十字（クロス）」「クロス仮面」などのタイトル案も出されている。そして、この複雑な流れを最後に取りまとめたのが渡邊亮徳だった。

後年、渡邊は書棚にあったフランツ・カフカの『変身』に触発されて〝変身もの〟を思いついたと語っているが、参考までにその冒頭の一節を紹介しておこう。

「ザムザが気がかりな夢から目ざめたとき、自分がベッドの上で一匹の巨大な毒虫に変ってしまっているのに気づいた。彼は甲殻のように固い背中を下にして横たわり、頭を少し上げると、何本もの弓形のすじにわかれてこんもりと盛り上がっている自分の茶色の腹が見えた。腹の盛り上がりの上には、かけぶとんがすっかりずり落ちそうになって、まだやっともちこたえていた。ふだんの大きさに比べると情けないくらいかぼそいたくさんの足が自分の眼の前にしょんぼりと光っていた」（原田義人・訳）

『仮面ライダー』の主人公・本郷猛は、悪の軍団ショッカーの手により、意志に反して改造人間にさせられた。しかしその結果、本郷はショッカーにとって最強の敵となり、さらには危機にさいして自分の意志で仮面ライダーに変身することが可能になった。多少理屈っぽくいえば、「仮面ライダー」には変身願望という古来の人間の本能を呼び覚ます仕掛けがほどこされており、そこにカフカの不条理性が味つけされたわけである。

渡邊亮徳が『タイガーマスク』の研究資料とした「YTVレポート」（読売テレビの局内向け調査誌）には次のような記述がある。

「今の社会では、大人もふくめ、子供たちは、自分の本音だけで生きられない。ゆえに、仮面をかぶり無類の強さを発揮する主人公に、満たされない本音を自分に代わって実現して欲しい、と仮託しているのである。まさにその点が子供たちの共感を呼ぶのである……」（『仮面ライダーから牙狼へ』大下英治）

こうしたあとづけの分析を、百戦錬磨の渡邊がどこまで信用したかは定かでない。しかしスポ根ブームのあとにどんな作品をぶつけるか、暗中模索する渡邊のアンテナに〝仮面〟というキーワードが引っかかったことはたしかなのである。

そういった直観力を第三者は〝野性的な勘〟と呼びたがるが、渡邊は勘をみがく作業を怠らなかったのであり、要するに勉強家だったのである。そして意見が割れた場面で腹をくくれるのも渡邊であり、しかも腹をくくったうえで下した決断が高い勝率を維持したからこそ、みながついていったのである

『仮面ライダー555《ファイズ》』などを手がけた脚本家の井上敏樹は、渡邊についてこう証言する。

「亮徳さんとは一回だけ会ったことがある。すごく偉そうだったよ。顔からして偉そうだしね。親父（伊上勝）は何回か会ったことがあるらしい。だけどおれはそのとき約束の時間に遅刻しちゃってね。そうしたら亮徳さんに『おまえは親父と一緒だな。遅刻しやがって』なんていわれたよ。同席していた吉川（進プロデューサー）さんにはめちゃくちゃ怒られた。亮徳さんの執務室の棚には赤いグラスが置いてあってブランデーが何本もならんでいる。むかしのヤクザと同じ雰囲気だよ。

ただ、亮徳さんはある種のカリスマだった。ああいう人はいまじゃいないよね。おれはちょっと憧れるね。ああいう人の下でやったら面白いことがありそうな気がする。もっとも気はつかうだろうな。怒らせたら人生台無しという感じだしね。

いまの東映にはそういう人間臭い雰囲気がまったくなくて、個人的なつきあいも浅い。いいのか悪いのかわからないけど。ちょっと寂しい気はする」

井上も脚本家にはめずらしくずけずけものをいうタイプに見えるが、渡邊のインパクトは相当に強烈だったようだ。好き嫌いは別として、渡邊のようなボスがプロジェクトの中心にいれば、スタッフはとりあえず百人力を得た気分になれるのだろう。

東映のルーツ

渡邊亮徳という人物が、岡田茂社長とならんで東映という会社を象徴していた時期があることは間違いない。また、東映が松竹や東宝とまったく違う路線を歩んできたこと、および『仮面ライダー』は東映ならではの産物であることも先にふれた。

それでは、東映がどういう成り立ちの会社なのか、ここで歴史を簡単に振り返っておく。その素材とするのは内田有作の父であり、東映で天皇と崇められた内田吐夢である。明治生まれの巨匠の履歴を追いながら、日本映画界における東映のルーツを探っていこう。

内田吐夢は一八九八年（明治三十一年）に岡山県岡山市の和菓子屋の息子として生まれた。本名は常次郎という。常次郎は十四歳で高等小学校を退学させられたあと、横浜へ出て働きながら愚連隊に加わった。そのときの呼び名がトムで、内田吐夢を名乗るきっかけになっている。

横浜の映画撮影所で作家・谷崎潤一郎の知遇を得た吐夢は、俳優や演出などで映画界に片足を突っ込みながら、ドサまわりの役者、チンドン屋の旗持ち、立ちん坊（ドヤ街の日雇い労働者）などをやって食いつないだ。地べたを這い回るようにして各地を放浪し、監督になったのは一九二七年、二十九歳になってからである。

二九年に左翼思想を取り入れた傾向映画『生ける人形』をヒットさせた吐夢は『人生劇場・青春篇』（一九三六）、『限りなき前進』（一九三七）、『土』（一九三九）などの傑作を次々に発表し、戦前から大監督として認められていた。なお、ひとまわり年下の芳子夫人とは二七年に結婚し、長男の一作は二八年に、次男の有作は三四年に生まれている。

戦時体制下では、政府の統制と資材不足により、映画は実質的に国策映画しか撮ることができなかった。のちに『ゴジラ』の監督となる本多猪四郎《いしろう》は三三年にP・C・L（東宝の前身のひとつとなった映画製作所）へ入社後、長い兵役生活で映画から遠ざかっていた。一方、東宝の特技課にいた円谷英二は戦時中の大ヒット作『ハワイ・マレー沖海戦』（一九四二、山本嘉次郎・監督）で特撮の腕を存分に振るい、『ゴジラ』や『ウルトラマン』につながる技術を磨いていた。

終戦直前の四五年五月、吐夢は妻の芳子に「ちょっと満州に行ってくるよ。ベーコンでも土産に買ってこよう」（『私説　内田吐夢伝』鈴木尚之）といい残し、国策映画の企画で知り合った満映（満州映画協会）理事長・甘粕正彦を訪ねた。憲兵大尉だった甘粕は無政府主義者・大杉栄ら三人の殺害事件で服役したあと、満州で陰の大物になっていた。吐夢としては、戦争で閉塞状況の日本を離れ映画を撮りたい一心だったのである。しかし吐夢はなにもできずに満州で終戦を迎え、甘粕自決の現場にも立ち会った。

終戦後の吐夢は八路軍（中国共産党軍）に映画技術の指導を依頼されて受諾。帰るに帰れなかったわけでもなく、中国各地で技術指導や肉体労働などを経験し、胃潰瘍と肺浸潤の悪化で日本に帰国したのは五三年のことだった。吐夢は、ちょっとベーコンを買いに出たまま、中国に八年間滞在したのである。有作とは別の意味での鉄砲玉だった。その間、妻の芳子は引き揚げ者支援運動にも参加し、パチンコ店や工場で働きながら一作と有作を育て上げた。

中国滞在中の吐夢について有作に取材した鈴木美潮は、次のような記事をまとめている。『親父は激動の中国を、その目で見ていたいと思っていたんだろう』と（有作は）説明する。『歴史を描きたい。歴史を語る人間は、自分の足の裏でその地べたを踏みしめていないとダメだ』。それが（吐夢の）口癖だったという」（『読売新聞』二〇一〇年四月十八日朝刊、カッコ内は筆者追記）

これは映画人としての有作の模範解答であろう。実際、家族との問題を除けば、吐夢の行動は有作が語ったとおり、映画人の本能に忠実にしたがった結果なのである。

吐夢は帰国後も、放浪癖、家庭放棄、さらには女遍歴を一向にあらためなかった。後年には隠し子の存在も発覚しており七十二歳で死去したさいの全財産は「二三四〇円」（『私説　内田吐夢伝』）だった。

しかし有作にすれば、「映画監督とはこんなもの」という達観があったに違いない。ちなみに大正期の日本では、映画は若者を堕落させる娯楽だと考えられていた。したがって映画人はほとんど遊び人かごろつき扱いで、吐夢も映画界入りと同時に実家から勘当されている。その流れで考えれば、戦前の映画人の臭いを体じゅうから発散する吐夢に対し、有作が敬慕の念を抱きこそすれ拒否しなかったゆえんは理解できる。有作は息子としての立場以上に、映画人として吐夢の風狂を愛したのである。それゆえに、有作は第三者と吐夢の話をする場合、「父は」といわず、必ず「吐夢は」といういいかたをした。

東映と満映

もう一点、東映という会社の特質にかかわるエピソードを紹介する。

国策会社の満映には、日本を逃れて甘粕理事長に庇護された共産党員、満州国の理想に殉じる右翼、映画制作を学ぶ中国人、日本で失職した映画関係者など、雑多な人間が集まっていた。甘粕は二代目理事長であり、初代理事長は汚職が原因で座を追われている。

満映で特徴的なことは、甘粕が共産党員などの左翼を重用したことである。甘粕は映画界に特有の派閥づくりが汚職の原因になると考え、映画人脈に取り込まれない左翼の人間を要所に配し、監視させたのである。映画界の古い毒は左翼という新しい毒をもって制したというべきか。元憲兵大尉の甘粕ならではの発想である。

どんぶり勘定と派閥づくりは映画界全体にしみついた体質のようなもので、戦後もしばらくの間は慣習として引きずっていた。ただし裏ガネは制作現場の潤滑油となり、派閥の競い合いは作品づくりの切磋琢磨につながっていた一面もある。結果として清廉を旨とする甘粕指揮下の満映は、李香蘭《りこうらん》(山口淑子)という異色のスターを生み出したほかには大衆受けする作品をつくれなかった。

東映株式会社は、東横映画株式会社、太泉映画株式会社、東京映画配給株式会社が合併して五一年に設立された。三社の中心だった東横映画には、満映でメインプロデューサーだった根岸寛一とマキノ光雄が在籍し、旧満映の引き揚げ者救済を社是にかかげていた。満映には国内の各映画会社から多数の人材が集まっていたが、戦後になって引き揚げ者が簡単にもとの会社に戻れる状況ではなかったのである。

根岸とマキノはその受け皿づくりに力を尽くし、東映はいつの間にか旧満映スタッフの拠点になった。東映という会社は、設立時から義理と人情で動く気質を持ち合わせていたのである。そして同時に、甘粕が警戒した活動屋気質を良くも悪しくも十分残していた。

満映崩壊から二十六年後に開設された東映生田スタジオも、やはり活動屋気質にあふれ、なおかつ開放的で大雑把な大陸的臭いがする現場だった。そのことは、吐夢が中国で学び取った大陸的思考と満映由来の東映体質を有作がしっかり受け継いでいた証左といえるだろう。

第十章
メディアミックスのさきがけ

雑誌戦争勃発

『仮面ライダー』の人気爆発により、出版界ではスチール写真の争奪戦が勃発した。先陣を切ったのは七一年十一月に講談社で創刊された『テレビマガジン』である。続いて七二年に入ると秋田書店の『冒険王』が『仮面ライダー』をメインとする方向に内容をシフトし、七三年二月には黒崎出版で『テレビランド』が創刊された。

この三誌はいずれも『仮面ライダー』が目玉であり、とくにグラビア展開が重要課題になっていた。そして『テレビマガジン』創刊の五年後には小学館が『てれびくん』を創刊する。詳しくは後述するが、『仮面ライダー』1号、2号から『ZX（ゼクロス）』までは『テレビランド』『冒険王』を除き、版権使用は講談社の独占となっていた。これは先にふれたとおり、東映と講談社、すなわち渡邊亮徳と内田勝によるメディアミックス連合がもたらした成果である。

なお、『テレビランド』は黒崎出版を発行元としていたが、実質的には東映が企画を主導し、発行元が徳間書店に移行したあとは、東映と徳間書店の協力関係にもとづいて誌面づくりが行われた。この時期、東映の岡田茂社長は出版界への進出、つまり東映出版の設立も視野に入れていたのである。また、秋田書店は黒崎出版と関係が深く、『仮面ライダー』のマーケットに参入する機会を得ていた。

『テレビマガジン』は小学校低学年を読者対象として創刊されたが、『国松さまのお通りだい

（『ハリスの旋風』）』『巨人の星』『ムーミン』などが表紙を飾った三号目までは売り上げが伸び悩んだ。創刊時から実質的に編集長をつとめた田中利雄はこう振り返る。

「もともと準備期間が短かったんだけど、創刊号が出たときにはもう三号目まで企画の準備が進んでいましてね。それで四号目の表紙ではダブルライダー（1号、2号）をドーンと打ち出した。グラビア記事にも力を入れて、ぼくは『仮面ライダー1号と2号、どっちが強い』というタイトルをつけたんですよ。そうしたらこれが大受け。ほぼ一〇〇パーセント売れた。それからたちまち火がついちゃってね。『たの幼（たのしい幼稚園）』のほうが部数としては多くて一〇〇万部までいったんだけど、『テレマガ（テレビマガジン）』は七十七万部まで刷った。ものすごい利益です」

武器はスチール写真

かくして田中はグラビアの重要性を思い知らされるが、講談社が他社を圧倒した最大の功労者が、六四年に同社写真部へ入った大島康嗣カメラマンであることは関係者の一致した見方である。

出版流通の元関係者で少年少女雑誌の内情に詳しい高林文雄（仮名）が語る。

「大島さんは、『週刊少年マガジン』で大伴昌司さんと一緒にグラビアを担当していた人。大阪万博特集とか、デゴイチ（D51）の解体とか、世間で評判になるような企画をやっていて、『アサヒグラフ』より『週マガ』のほうが写真はいい、といわれたこともある名カメラマンです。大島さんは円谷プロに関しても『ウルトラQ』『ウルトラマン』のころから撮っています。下手をすると、円谷のどのスタッフよりもかかわりは長いでしょうね。そういう流れで、『仮面ライダー』もほかの東映作品も、本数が増えるまでは大島さんがほぼひとりで撮っていました。カメラマンとして押し出しがきくし、なんといっても絵づくりがよかった。

編集部としていちばんの武器は写真を持っていることです。ただ、当時の編集者は撮影現場に張りついていたわけではないんですよ。そのかわりに大島さんを徹底してフォローしたわけです。当時はまだフィルム撮影ですから、編集者は遠くのロケ地へ撮影済みのフィルムを回収しに行って、追加のナマフィルムを置いてくる。そういう輸送作業もやりながら大島さんが効率よく動ける環境をつくっていたんです。あとは地方ロケのときに酒代を出したりスタッフにごちそうをしたりして、要するに編集部は大島さんと連携して援護射撃をやっていたわけです」

大島カメラマンは、講談社のスチール写真撮影に関してほぼオールマイティーの存在だったことがわかる。つまり、それほど編集部の信頼を得ていたわけである。

大島は、円谷プロを手始めに特撮ヒーローとかかわった経緯を次のように語る。

「はじめは別のカメラマンがやっていたんですよ。そうしたら円谷プロに行ってもほとんど写真が撮れないんだよね。それでもう行くのがいやだっていうわけ。なぜかというと、特撮だからミニチュアセットを飾ったり、いろいろ時間がかかる。一日でワンカットも撮れりゃあいいほうですよ。

そのころ円谷さんは優雅な撮影をしていたからね。やっぱりちゃんときれいに飾らないと親父さん（円谷英二）のオーケーが出ない。いまの特撮みたいに手前にミニチュアをならべてごまかすとか、英二さんはそういうやり方を許さなかったから。上から下までちゃんと撮れと。だからカメラは四台から五台使って撮影していましたよ。だから準備にやたらと時間がかかる。それで結局、撮れる写真がないからカメラマンもいやだっていうわけでさ、しょうがなくてぼくのところに依頼がきたんですよ」

以降、大島は特撮キャラクター専門カメラマンとして第一人者の地位をきずいていくが、先達のいないジャンルで独自の工夫を積み重ねていった。

「ぼくは特撮キャラクターを撮る前に『婦人倶楽部』や『若い女性』という雑誌で撮っていた。ファッションやヘアースタイル、あとは料理ね。いろんな分野で撮影したから勉強になりましたよ。いまほかの会社ではねえ、カメラマンは（特撮）キャラクター専門になっちゃう。ほかの仕事を経験していないから、結局はわからないことが多いわけですよ。こういう写真を撮れば使ってくれるなあ、とか。ただぼくが撮るときに一緒に撮っているだけなんだよ。それで撮っちゃえば、あとはもう知らん顔をしているわけ。あっちのほうで遊んでいるとか。キャラクターを演じている人はそういっている。だからそれはまずいよと、ぼくはいったことがあるんだけどね。アフターケアをしてあげないと。なにか飲み物を買ってあげるとかさ。そういうことをかれらはできなかった。

まあ、われわれは現場に行けば第三者ですからね。月日がたてば大野剣友会の人とも気心が知れてきて、『ちょっと撮るぞ』といえば『ああいいよ』っていう関係になりましたよ。でもはじめはそういうことはいえなかったね。やっぱり助監督に断って段取りをしてもらってね。『講談社の大島さんが撮りたいんだよ』って。そうするとほかの会社のカメラマンも一緒に撮り始めるわけだ。だけど、ぼくはかれらに『撮っちゃだめだ』とはいえないよ。同じ業界の仲間としてね。だからほかのカメラマンはそういう段取りを覚えなかった。まあ、ぼくとしちゃあちょっと大変だったですよ。

だから現場で他社との競い合いなんか別になかったですよ。だって『テレビランド』なんかぼくの号令で動いていたんだから。かれらは仕切れないからね。『今月こういうのをやりたいんですけど、大島さんお願いしますよ』とかなんとかいうから、たまには口添えしてあげたけど、大野剣友会の連中はわりと頑固だからね。あまりうまくいかなかったようだけど、ぼくは遠くで見ていたよ。他社のカメラマンにあまり余計なことはいえないしね。ぼくは有作さんとツーカーになっていたから、そういうことは気にしなかったけど。

小学館でも協力できるときは協力してあげましたよ。ぼくがやっているときはね。だけどはっきりいって小学館には負けたくないからね。やっぱり写真勝負だから、そういう点では負けたくない。でもそういう状況だったから、ぼくが行けばすぐなんでも撮れる。だから兵隊を送ればいいんだと、どこの出版社もそういう考えなんだよね、だからぼくが行かなくなってからは苦労していると思う」

大島はときに講談社のカメラマンという立場を離れ、特撮カメラマン全体の活動を助けた。現場での撮影ノウハウばかりでなく、カメラマンの立ち居振る舞いにまで大島の影響はおよんでいたと見ていい。

その大島の目に仮面ライダーというキャラクターはどう映っていたのか。

「初めてキャラクターを見たとき、ウルトラマンはなかなか面白いと感じたけど、仮面ライダーはそんなに売れると思わなかったね。しばらくたってからですよ、ライダーもやっぱりかっこいいなあと気づいたのは。最初は、なんだこのつくりは、と思ってね。ライダーもいまはちゃんときれいに型をつくって、おまけにライトまでつくようになっているけど、むかしは撮影をやりながらアゴが落っこちて離れちゃうんだから。『だめだよ、NGだよ』なんてね。いまはテレビ撮影もデジカメだから、異変があってもオペレーターが見ればすぐわかる。だけど当時はフィルムだから、やっている最中は確認のしようがないわけだよ。だから確認のために『ちょっと写真見せて』なんてよくいわれたよ」

撮影機材やスーツ（着ぐるみ）の進化がめざましいのは間違いないところだが、当時のカメラマンの苦労は撮影そのものだけではなかったという。

「ぼくはずっと単独行動で、会社は写真を待っているだけ。ぼくは仮面ライダーの取材について会社にああしてくれ、こうしてくれといったことがない。自分なりにやっていましたよ。本来はひとりでやれるような仕事じゃないよね。とりあえず現場まで車を運転していくこと自体が大変なんだから。いまはカーナビをポンポンとやれば連れて行ってくれるけど、そういうのはないんだから。そのうちスタッフが翌日の現場の地図を描いてくれるようにはなったけど、現場に行くのは苦労したね。

あるとき現場に行ったら、待てど暮らせど誰も来なくてね。公衆電話を見つけて生田の有作さんの事務所に電話したんだよ。そうしたら『大島ちゃんのところに電話いかなかったの？　役者さんが風邪でだめになっちゃったよ』って。ひとりでも欠ければ撮影はだめだからね。もうその日は帰って来るしかない。あのころは携帯もなかったから、そんなことが何回あったか。

携帯を使う前は、四角い無線機みたいなやつがあってアンテナを出して使うんだけど、山の中に行ったら聞こえないんだよ。だから山に行ったら現場を見つけるのが大変ですよ。冬の朝早くだと霜が降りているでしょ。そうするとロケ隊のトラックが走ったところは霜柱が倒れている。それで『あっ、このへんでやっているんだな』って。勘で行ったようなもんですよ。現場じゃあ『よく来たね』っていわれたけど、そんな状況ですよ。

車だって一年でだいたい十万キロ近く走っちゃうんだから。一日で三〇〇キロぐらいしょっちゅうだよ。静岡へ行ったり富士山のふもとへ行ったり。高速ができてから簡単に行けるようになったけど、大変だったなあ。あのころはけっこう撮影場所が広範囲だったからね。プレジデントも使っていたけど、あれはハイヤーですよ。当時、『変身忍者　嵐』だとか『超人バロム・1』とか、三ヵ所ぐらいまわっていたことがありましたからね」

大島は大手出版社の社員カメラマンとして、かなり恵まれた条件で動いていた印象がある。しかしその認識は完全に間違っていた。大島のカメラマン人生は、生田スタジオのスタッフと同様、ぎりぎりまで自分を追いつめることで成り立っていたのだ。

「未知の世界から入って五十年近くやってきたわけよ。いままで簡単にやってきたと思うかもしれないけど、いろいろあるんですよ。五十九歳のときに脳梗塞をやって、手はもうブラブラ。心臓も手術したしね。

あとは目ですよ。目が悪くなってピン（ピント）が合わなくなっちゃった。眼鏡をかけると写真が撮れないんですよ。慣れていないから視点がもうガチャガチャしちゃって。それで多焦点コンタクトレンズを東京で入れてもらったんです。遠くも見えるし手前も見える。片方が五十万円で、両目合わせて一〇〇万円。それが六十五歳のときで、そのあと四、五年やっていたんですよ。だけどコンタクトは目に直接はめ込むから、目を怪我したり、間違って指を入れたりしたら失明だからねっていわれています。これはもう外せないらしいけどね。そんなわけだから体にはカネがかかっていますよ。だから七十すぎまでできたんです」

大島の証言には、いままであまり明かされなかった撮影現場の真実が多々ふくまれている。以下の証言は、あくまでも周囲から見た大島の活動実態である。そこに大島証言とのギャップを見て取ることもできるが、主観と客観の食い違いは人間につきものであることも気づかされる。

大島の撮影場面に何度も立ち会った山田哲久はいう。

「映画の撮影現場で、たとえば仮面ライダーがヘリコプターに乗っているいちばん見栄えのいい写真を撮りたいとする。でも『撮らせてくれ』といったら、本編のカメラマンも照明技師も『じゃまだ』となる。そのとき有作さんは講談社の田中さんと関係がよかったから、『協力してやってくれ』といいますよね。

また、天候の具合ではライトが必要になったりする。そうすると本編の照明技師が、『まあ手伝ってやるか』ということになるんですね。あとは、撮影のためにいいポジションをスタッフが確保してあげたりしてね。それは大島さんと現場スタッフのつきあいが活かされた結果です」

講談社は大島カメラマンのマンパワーと機動力を最大限に生かしたことになるが、そのうえで田中利雄も『テレビマガジン』編集長として積極的に援護している。

「大島ちゃんと話をしていて、これは内田所長に会わなきゃまずいと思ってね。有作さんに連絡して生田へ行ったんです。有作さんが年がら年中飲んでいることは知っていますから、さっそく酒ですよ。一対一で飲むわけです。『たの幼』の編集長なんかは有作さんと飲んだことはないんじゃないかな。ぼくが全部相手をしちゃった。

有作さんは決して酒癖がいいほうじゃなくて、午前一時をすぎると必ず軍歌を歌うんです。しかも大声で、わざと調子をはずして歌うんですよ。だから店じゃ嫌われますよね。もう来ないでくれって。でもおたがいにウマが合ったんです。こっちが合わせたところもあるんだけど、かれの独特の世界にぼくは入っちゃった。月に一回は会っていましたからね。そういうことが大島ちゃんにはすぐわかるわけ。だからいちばんいい場所にカメラを据えられることにもつながったんでしょう。

それに加えて、講談社は東映に掲載料を払っていたんです。『たのしい幼稚園』『テレビマガジン』『おともだち』の三誌まとめて十万円くらいだったかな。小学館が円谷プロに相当なカネを払っていましたからね。ぼくは、誰かが（渡邊）亮徳さんに『講談社からおカネを取らないと損しますよ』って入れ知恵したんじゃないかと思っているんですけど」

現場意識

一方、写真を撮られる側はどう感じていたのだろうか。様々な場面で被写体になった大野剣友会の岡田勝はこう語る。

「おれらのころは、大島さんとか『冒険王』とか、毎日のように写真を撮りにきたよね。大島さんなんかプレジデントに乗ってきたりしてね。おれにもときどきハイヤーを出してくれたりしたんだよ。だから『岡田さん、写真お願いします』といわれたら、最初のうちは『おお、撮れ、撮れ』っていう感じだったけど、本音では『撮らせてやってるんだ、この野郎』ですよ。『おれたちはカネをもらってねえんだ、この野郎』ってね。

それであほらしくなって、『みんな、本番前は仮面をつけるのはやめよう』と声をかけて、テレビ収録が終わったら、ぱっと仮面を外して『はい、お疲れさま』。本当にひどかったね。『カット』『はい終わり』ですぐに仮面を取っちゃうんだから。おれらは勝手に撮らせないようにしのぎをけずっていたわけ。裏でカネが動いたかどうかなんて、おれらは知らないよ。知っていらいらするよりは知らないほうがいいしね」

あらためて管理者意識と現場意識の違いを感じさせる証言といえるだろう。どこまでいってもこうした意識のズレはつきまとうのである。

もっとも、水面下で多少の不満があったにせよ、有作、大野幸太郎、田中利雄らの連携がうまくいっていたからこそ現場が破綻しなかったことも事実だろう。そして管理者グループのなかで、田中は有作の数少ない理解者のひとりだったといえる。

「ぼくはいままでずいぶん『仮面ライダー』関係の取材を受けたけど、有作さんの本質的なよさみたいなところをほめる人はあまりいなかった。石ノ森章太郎さんもいわなかったし、渡邊亮徳さんと加藤昇（石森プロ・マネージャー）さんは、有作さんとよくつきあうね、といういいかたでした。まわりはみんなそう思っていたんでしょうね。

有作さんは酒のうえで部下と揉めたことはあったみたいだけど、ほかからは有作さんの悪口をほとんど聞いたことがありませんよ。たとえば、大島ちゃんに『今日、所長と会うよ』といえば、『ぜひお願いします』となるわけです。なにか問題があれば、たとえば大野剣友会とか現場の連中が大島ちゃんあたりにふつうはもらすと思うけど、そんなこともなかった。監督さんたちも有作さんの悪口はいわなかったしね。

全体の方向性については有作さんが大きな声を出すけども、あとは全部任せる。そういう点では、プロデューサーの平山さんも阿部さんもすごくやりやすかったでしょうね」（田中利雄）

『てれびくん』参戦

田中・有作ラインはきわめて有効に機能していたようだ。しかし、講談社にとって本来の敵は小学館である。『テレビマガジン』の動きを注視していた小学館がいよいよ動き出したのは、七六年に入ってからである。

「小学館はそれまで円谷を持っていましたから、これは強かった。でもウルトラマンの人気が落ちていて、学年誌にも影響が出ていました。四年生（『小学四年生』）以上はほとんど火の車だったもんね。三年生くらいまでしか売れていなかったんじゃないかな。だから講談社は四年生（『たのしい四年生』）以上を早めにやめたと思うんですけど、そのうちに小学館が『テレマガ』の真似をして『てれびくん』というライバル誌を出してきたんです」（田中利雄）

再び高林文雄が解説する。

「出版社にとっての勝負は、まずキャラクターの掲載権を獲得できるかどうかです。『仮面ライダー』1号、2号から『V3』『X』『アマゾン』『ストロンガー』『スカイライダー』『スーパー1』『ZX』までは講談社の独占ですが、『仮面ライダーBLACK』で小学館独占になるわけです。

なぜかというと、掲載権を得る条件が少年漫画誌の連載で、それを『少年マガジン』が断ったんです。『少年マガジン』は大人路線に向かっていましたから、編集方針が合わなかったんでしょうね。そのときに『少年サンデー』が連載を受け入れた。それで『BLACK』から『BLACK RX』までは小学館独占。でも、そんなにバカ人気ではなかったんですね。そこからオープンで講談社も乗っかるかたちです。

一方、『ウルトラマン』関係ですが、『ウルトラQ』は講談社、小学館に加えて集英社も力を入れていました。そのあと、『ウルトラマン』になると講談社の半独占。『セブン』『帰ってきたウルトラマン』は小学館の独占。それが『A《エース》』『タロウ』『レオ』まで続き、八〇年に始まる『ウルトラマン80』はオープン。七〇年代まではそんな流れですね。『たのしい幼稚園』は『仮面ライダー』も載せていたのですが、じつは『まんが日本昔ばなし』も講談社独占だったので、そちらの好影響もあったようです」

小学館の『てれびくん』は七六年五月に創刊され、当初は自社の子供向け雑誌に掲載中の作品、および講談社が掲載権を所持しない作品が誌面の中心だった。八七年に『少年サンデー』が『仮面ライダーBLACK』の連載を開始すると同時に『てれびくん』でも仮面ライダーシリーズの企画を掲載している。『テレビマガジン』と『てれびくん』は『冒険王』、『テレビランド』も巻き込んで激しい販売合戦を展開したが、二〇二二年現在、存続中の子供向けテレビ雑誌は『テレビマガジン』と『てれびくん』の二誌になっている。

雑誌とおもちゃの共存共栄

おもちゃ業界は、出版界とならんで特撮番組とのかかわりが深い。『仮面ライダー』関連でいえば、初の記念碑的な商品は〝変身ベルト〟である。

玩具メーカーのポピーが七一年末に売り出した変身ベルトは、その後一年間で三八〇万個を売り上げる大ヒット商品になった。ただし、最初の変身ベルトはタカトクトイスが商品化権を得て六〇〇〇円で販売しており、〝光る！　回る！〟のギミックを追加したポピーが当時では常識外れの一五〇〇〇円という高額商品で追いかけ、あっという間にタカトクを抜き去った経緯がある。

東映に莫大な版権収益をもたらしたポピーは、渡邊亮徳の要請で親会社のバンダイが番組スポンサーに参加したこともあり、仮面ライダーシリーズの独占商品化権、および東映作品の優先的商品化権を得た。その影響もあって特撮番組から遠ざかったタカトクは八四年に倒産している。

ポピーはバンダイの子会社として七一年十一月に設立された。バンダイの業務方針をめぐって創業者の山科直治と意見を異にした森連（ポピー専務、当時）、杉浦幸昌（ポピー常務、当時）らが中心メンバーである。

杉浦が長男の願いを聞き入れてタカトクの変身ベルトを改良し、ポピー版の光って回る変身ベルトを開発したいきさつは有名なエピソードになっている。とはいえ、当時のポピーはバンダイグループのなかの小さな会社で、周囲からは、はぐれもの集団に近いイメージを持たれていた。

東映との関係が深まったポピーはキャラクター玩具を専業とする会社になり、七四年に発売した〝超合金マジンガーZ〟で大きな話題を呼んだ。超合金シリーズの特徴は、亜鉛合金を使ったずっしりと重たい質感、ディテールまでこだわった精巧なつくり、工夫されたギミックであり、以降、同シリーズでは特撮のキャラクターフィギュアが次々に発売されていく。

超合金シリーズを牽引した村上克司は「キャラクターデザインの領域に初めて、工業デザインとマーチャンダイズの手法を持ちこんだ人物」（『超合金の男　―村上克司伝―』小野塚謙太）と評されている。のちに村上は業界の〝天皇〟とさえ呼ばれるが、有作の時代はまだポピーも一介のおもちゃ会社にすぎず、有作自身もおもちゃの本質的な価値を理解していたとはいいがたい。『テレビマガジン』の田中利雄が当時を語る。

「有作さんの悪いところは、おもちゃ屋さんをすぐ〝チャモ屋〟とかいうんだよね。森（連）さんとしては頭にきただろうな。村上（克司）さんは、おもちゃ屋さんとしては初めて講談社のパーティーに呼ばれた人だと思いますよ」

おもちゃ会社は雑誌の懸賞欄の賞品として大量のおもちゃを出版社に提供する。これは雑誌の販促につながる。そのかわりに出版社はおもちゃを大々的に誌面で取り上げ、商品の宣伝効果を生む。両者の最もシンプルな共存スタイルである。実際にその効果が大きく現れてきたことによって、出版社はおもちゃ会社の存在を重要視することになったのである。

現場商法

一方、マーチャンダイジングの利益にあずかれない有作にとって、おもちゃ利権の活用法はシンプルかつ露天商法並みに無邪気なアイデアだった。

TARKUSの高橋和光が有作の証言を振り返る。

「実際に有作さんから聞いた話です。『飢餓海峡』で映画館の副支配人に飛ばされたとき、東映まんがまつりで『マグマ大使』を併映していたらしいんです。

『ホールの売店でマグマ大使の人形をならべたら飛ぶように売れていた。おれは見たんだ。仮面ライダーも絶対にいけると思った。それでポピーの杉浦さんに、売れ残りでもなんでもいいから福袋みたいなものをつくってくれと頼んだ。それだけではつまらないから、福袋を買った人には仮面ライダーがサインを書いてあげる。われながら、これはいいアイデアだと思ったよ』。

有作さんはそういっていました」

有作は七二年の春、丸の内東映、新宿東映、渋谷東映、浅草東映の四つの東映直営館で、このアイデアを実行に移した。福袋の販売には生田のスタッフや大野剣友会のメンバーも応援に駆けつけている。

サイン会の催しは仮面ライダー以前にも行われていたが、有作の方式とは異なっていたという。

「ウルトラマンやウルトラセブンは、仮面ライダーにくらべるとスーツの通気性が悪いんです。サインなんかしていたら、五分か十分でぶっ倒れちゃう。ただ科学特捜隊やウルトラ警備隊の人たちのスケジュールをうまく調整してサイン会をやっていたんですね。場所は規模の大きい遊戯施設とか大手のデパートです。サイン会にプラスして、怪獣の着ぐるみを着た人が会場を練り歩き、ついでにおもちゃを買ってもらうわけです。自分も子供のときに原体験がありますよ。

でも仮面ライダーの場合は商品を買わなければサインをもらえないんですから、考えてみればあこぎな商売ですよね。毎日放送は万一事故があったら困るし、いまでいうコンプライアンス的にもどうかというので、オフィシャルには認められないという立場でした。でも結果として、最

初のうちは見て見ぬふりだったんでしょうね」（高橋和光）
しかし、さすがに毎日放送もこの状況が長引くと黙ってはいられなかったようだ。「純粋な番組宣伝の一環としてならともかく、利益追求第一と誤解されかねないショーやサイン会は差し控えていただきたい」（『KODANSHA Official File Magazine 仮面ライダー vol.1』）という申し入れが渡邊亮徳のもとに送られたのである。こうして有作の現ナマ収入は断たれてしまうが、どっこい転んでもただでは起きなかった。
七三年夏、有作はポピーとタイアップして、仮面ライダーV3が同行する伊豆大島ツアーを組んだ。このツアーにも毎日放送はいい顔をしなかったが、有作は『テレビランド』で大々的に募集をかけ、親同伴の条件で百数十人の子供を集めた。子供たちは主役の風見志郎を演じる宮内洋らと一緒に船上で遊び、水木一郎のアニメソングショーを楽しんだ。大島ではV3の新兵器〝スクランブルホッパー〟を手にかざした子供たちが溶岩地帯の斜面を走りまわった。この間、有作は終始メガホンを手にして陣頭指揮を執っている。
「このツアーでも、なにか商品を買ったら宮内さんのサインがもらえたようです。有作さんにはこういう現場的な商売センスがあったんでしょうね。ともかく、有作さんの馬力が初期の生田スタジオの原動力になったことは間違いないでしょう。取材した生田関係者の間でも衆目の一致するところだし、ぼくもそう思います」（高橋和光）

第十一章
聖地の跡始末

行きづまる変身番組

『好き！　すき!!　魔女先生』二十六話（一九七一年十月〜一九七二年三月）——六ヵ月
『超人バロム・1』三十五話（一九七二年四月〜十一月）——八ヵ月
『変身忍者　嵐』四十七話（一九七二年四月〜一九七三年二月）——十一ヵ月
『どっこい大作』六十二話（一九七三年一月〜一九七四年三月）——十五ヵ月
『ロボット刑事』二十六話（一九七三年四月〜九月）——六ヵ月

七一年四月以降、『仮面ライダー』以外に生田スタジオで制作された番組の継続期間である。
「特撮番組は、一年は続かないと利益が出ませんね。番組が終わるたびにセットを壊してまた新しくつくらなきゃいけないし、着ぐるみやスーツも新しく必要になりますから」（山田哲久）
生田スタジオでは、常時三本は番組をキープするという方針のもと、制作はハイペースで進められていた。しかし、いずれも長続きする番組にはなっていない。そもそも一年続く特撮番組というのは大ヒット作に分類されるものであり、めったに出現するものではない。
もちろん、特撮・変身番組は生田スタジオ以外でも大量生産されていた時期である。各番組とも必死に工夫をこらしてはいたものの、第二、第三の『仮面ライダー』がそうそう簡単に生まれてくるわけはなかった。

七二年九月十八日の毎日新聞夕刊に「〝変身番組〟秋の陣」と題して次のような記事が出ている。

「秋の番組改編で、お子様向きの〝変身もの〟が、また一段とエスカレート。二段変身から七変化まで、さまざまに趣向をこらした番組が現われる。もっとも中身のほうは、正義が悪をやっつけるという変わりばえしない話だが――。」

以下、この記事では新番組として『サンダーマスク』（NTV）『レインボーマン』（NET）、『アイアンキング』（TBS）が紹介されている。そして『アイアンキング』について、

「かつての隠密剣士の現代SF版だそうだ。こうした変身新種が出てくるのは『変身したヒーロー対怪獣という組み合わせはもう限界にきた。目から火が出るとかシッポが強いとかいう怪獣の特色もタネ切れ』（TBS）になったから」

と説明し、さらにこう続ける。

「しかし、人気の面では、変身ものが今のところやはりナンバーワン。

こうした新ヒーローの登場で、既成のヒーローたちも『〝仮面ライダー〟は、九月でショッカーがほろび、十月からはより強力な悪のゴーストというのがあらわれる』（NET）『〝ウルトラマンエース〟ではウルトラ兄弟の父親が登場する』（TBS）と、変身対策に懸命である」

しょせんは子供番組という〝コップの中の嵐〟との見立てか。どことなくちゃかした感じの記事ではあるが、逆に番組担当者の必死さは伝わってくる。ともかく七二年九月の段階で変身ヒーローのネタはほぼ尽きかけていたにもかかわらず、制作サイドは懸命に変身ものをつくり続けて

いた。

イナズマンとオイルショック

ブームは熱狂的であればあるほど終わりも早い。しかし有作は、あらかた掘りつくされた変身番組という金鉱でさらにハンマーを振るうよりほかに方法がなかった。そして有作にとって最後の番組になったのが『イナズマン』と『イナズマンF』である。

原作・石ノ森章太郎（第十一話では脚本・監督も担当）、プロデューサー・平山亨、脚本・伊上勝（初期フォーマット担当）、監督・田口勝彦、山田稔、塚田正煕。美術担当・エキス・プロ（八木功をチーフとする特撮班）、アクション・大野剣友会、主演・伴直弥――。

東映特撮シリーズの中心メンバーで制作されることになった『イナズマン』は、主人公が見せるサナギマンからイナズマンへの二段変身と超能力が売りだった。有作としては祈るような気持ちで放映開始の七三年十月二日を迎えたに違いない。

しかしあっさり結果を述べてしまうと『イナズマン』はヒットしなかった。まさに変身ブームは終末期を迎えており、逆風をはね返す力はなかった。

さらに、第一話放映直後に勃発した第四次中東戦争の影響で石油価格が高騰し、翌七四年早々には狂乱物価というかたちで日本経済を直撃した。このオイルショックの影響は広範囲にわたったが、とりわけ特撮番組の制作現場には致命的だった。

七四年二月二十三日の毎日新聞夕刊には次のような記事が載っている。

「怪獣番組ただいまSOS　特撮費用が狂騰　ロボット番組にも人気奪われる」

この見出しだけで当時の状況はほぼつかめそうだが、以下に記事の一部を紹介する。

「ひところは子供番組の代名詞のようだった怪獣特撮番組が、四月から三本になる。『ウルトラマンレオ』（TBS系）『仮面ライダーX』（NET系）のしにせシリーズに、新顔の『電人ザボーガー』（フジテレビ系）。しかもこのうち『ライダー』と『ザボーガー』は等身大の怪獣ものだから、ゴジラ以来おなじみの特撮の大怪獣が登場するのは『ウルトラマンレオ』一本となる。怪獣の夢いまいずこの状態だ。

怪獣ものに代わって、ロボットもの、アニメ冒険ものが人気を集めている事情もあるが、一方では物不足と物価上昇で、大がかりな特撮ものが制作できなくなったという」

オイルショックによる制作現場の困窮は巨大ヒーローものだけに限ったことではない。等身大ヒーローの着ぐるみ制作費もかつては二十万円から三十万円だったものが五十万円近くかかるようになった。ともかくあらゆる消費財が値上がりしたのだ。

さらに記事中で取り上げているロボットものは『グレートマジンガー』（『マジンガーZ』の続編）だと思われるが、この時期、特撮からアニメに関心を移す子供は多かった。

しかしいくらアニメが人気でも、生田スタジオでは特撮ものをつくり続けなければならなかった。ほかに有力な企画はなかったし、まずはスタッフに仕事を提供し続けることが有作の責務だったからである。

不調の『イナズマン』を大幅にリニューアルした続編が『イナズマンF』である。このときはメインプロデューサーの平山亨にかわり、若手の加藤貢がこの作品の実質的なチーフプロデューサーとして采配を振った。

アーティスト志向が強い加藤は若手スタッフと協議しながら『イナズマン』の設定に大胆な修正を加え、さらに鳥居恵子、八代順子、鹿沼えりらの若手人気女優をゲストに迎えるなど、特撮番組としては異例の方向性を打ち出した。第十七話「青い瞳のインベーダー」に山田哲久の名前がクレジットされているのは前記したとおりである。現在でも『イナズマンF』は一部でカルト的な人気があり、庵野秀明や出渕裕も一定の評価をしている。

しかし『イナズマン』と『イナズマンF』は低視聴率に苦しんだだけでなく、一話ごとに約五十万円の赤字を出す結果になった。さらに同時期に放映中の『仮面ライダーX』も視聴率はあまり振るわず、この時点で二本しか番組が残っていなかった生田スタジオはすっかり干上がってしまった。スタッフに与える仕事がなくなってしまったのである。

有作は助監督を他社の制作プロダクションやテレビ版『日本沈没』の現場に出向させるなど、一時しのぎではあるにせよ考えつくだけの手は打った。山田哲久もこのとき日本現代企画への出向を命じられている。日本現代企画は円谷プロの出身者が創設したプロダクションで、本来なら有作の宿敵であるはずだったが、すでにそういうレベルの問題ではなかった。

山田哲久は、当時をこう振り返る。

『イナズマンF』が終わったあと、有作さんにいわれて日本現代企画へ出向したんです。『スーパーロボット　レッドバロン』の助監督をやったんですが、生田と違って助監督が三人制でぼくはセカンドになりました。

そこで半年やって生田に戻ってきたら、ちょっと様子が変わっていたんですよ。スタッフから『内田さんはやめちゃったみたいだよ』って聞かされましてね。でも退任のあいさつもなにもなかったみたいで、みんな詳しいことは知らなかったんです。本当に忽然といなくなっちゃったんですね」

退社理由を語らず

有作は晩年に至るまで多数の取材を受けているが、退任のいきさつについてはいっさい詳しい話をしなかった。『イナズマン』と『イナズマンF』がおもな理由で生田スタジオが二八〇〇万円ほどの赤字を計上しており、その責任を取って退社したという公式見解だけなのである。

しかし、退職金が生田スタジオで飼っていたシロという犬一匹だけだった、という話は有名なエピソードになっている。つまり、ほとんど懲戒解雇のような扱いで東映を退社したことになる。もちろん所長として赤字の責任はあったにせよ、『仮面ライダー』がマーチャンダイジングやアトラクションショーで稼いだ利益は十億単位の金額になる。どうにも不可解な成り行きなのである。

ただし有作は、東映退社後もつきあいがあった脚本家の伊上勝には、退社理由の一端を伝えていたようである。間接的な話ながら、井上敏樹が当時の状況を語る。

「有作さんの件は、うちの親父（伊上勝）が聞いていましたよ。なんか使い込みがばれて、本当は無実なのに、『おれは責任を取ってやめてやる』といったらしい。社長は、『あいつも男になったか』のひとことで終わったって、親父はそういっていた。うちの親父は、ずっと（有作は）やっていないといっていたよ。おれは事実はわからないけど、親父は濡れ衣だといっていたね。あの人のことだから啖呵を切ってやめたんでしょう」

すでにふれたとおり、仮面ライダーのアトラクションショーは東映本社の専務・渡邊亮徳が生田スタジオとは別のプロジェクトを進めていた。そして本社が全国展開の代理店システムをつくり上げた段階ですべての興行が本社に一本化されていった。その時期は古泉雅が松野公造の補佐になった七三年ごろのことだと思われる。

「ショーの収益が本社に持っていかれることになって、そこで問題が起きるんだよね。ただ当時のカネの動きはわからなかったね」（古泉雅）

そこで浮上してくるのが、ショーをひとりで管理していた松野公造である。

「アトラクションショーは松野がぜんぶ仕切っていたんですよ。あれには首を吊れといったことがあるんです。縄を持っていって事務所の二階で脅かしましてね。あれはカネにこすくて（ずるくて）ね。結局はショーで親方をやっていましたから。あの人（松野）はいついなくなったかも

わからないし、その後どうしたかもわからない」（伊東暉雄）

松野公造は伊東の不興を買っていただけでなく、かねがね生田のスタッフに疑いの目を向けられていた。高橋正治はこう証言する。

「松野公造の派手な振る舞いが噂になったことがあるんです。というのは、東京映像企画のスタッフの待遇が悪化したことがありましてね。どんなときでもふくやの赤弁は支給されていたのに、それがなくなっちゃった時期がある。それなのにショーは取っ払いでごまかし放題だから、みんなの苦労の結果として松野だけがおいしい思いをしている、と一部のスタッフが騒ぎ出したんです。大野剣友会の人に聞いた話ですけど、松野は地方のショーに行くとき、靴下に十万円、腹巻に十万円、財布に十万円、必ず最低でも三十万円持って行ったというんです。そのうえ愛人も同伴でね。

自分の体験でいうと、ダビング編集のとき、映広音響の太田克己さんに誘われて飲みに行ったことがあるんですよ。新宿の高級クラブです。店に入るときはブレザーに着替えさせられるような店でね。きれいなホステスさんに案内されて奥に行ったら、そこに松野と監督の増田英夫（仮名）がいたんです。時期はバブルの前ですけど、サントリーオールドのボトルが三万円の店ですよ。そういう噂が広まって、制作進行のグループが松野を吊し上げたんです。なんでそんなに派手な真似ができるんだと。

でもある日、事情が一変したんです。松野の奥さんが生田に来ましてね。その奥さんは気が強くて手ごわい。和服を着て来たというのでいまでも覚えていますよ。そこからドラスティックに状況が変わったんです。それまで松野はしょんぼりしていたんですけど、奥さんが開き直って、もし松野が知っていることを全部ばらしたら、東映テレビプロだけじゃなく、本社にも影響がおよぶぞと。そういうふうに恫喝して、それで問題が有作さんに向けられていったんです。まあ、みんなスネに傷を持つ連中ばかりですから、それ以上追及することはなかったんですね」

元生田スタッフの証言を組み合わせると、以下のような推測が成り立つ。

有作に催事担当を任された松野は、アトラクションショーの収益を管理していた。カネのやり取りは取っ払いなので明朗会計にはならず、収益金がどこへ流れたかを知っているのは松野だけである。いちおう担当部署である東映テレビプロへの報告はなされていただろうが、いくら稼いだかは自主申告に近いかたちにならざるを得ない。

カネの私物化を疑われた松野は妻に泣きを入れ、内情を知った妻が生田に乗り込んで、カネの行き先を詮索すれば本社絡みの問題になることを匂わせた。

その後、東映本社が興行の一本化を進めていく過程で不正が発覚する。生田スタジオの所長であり、松野を催事担当に任命した有作は責任をまぬがれない。

生田スタジオの赤字問題とともに不正疑惑を突きつけられた有作は、責任を取って退社すると宣言した――。

この筋書きは状況証拠をもとにしているが、有作を知る多くの関係者の推察と一致している。当時の生田スタジオはつねに資金不足だった。しかし、スタジオを維持していくためには少なからず帳簿に載せないカネが必要になる。ただでさえスタッフには低予算の仕事を強いている事情もあり、目の前に現金があれば、たまにはいい思いをさせたくなるはずである。そういう事例は生田スタジオに限った話ではない。

たとえばこんな証言がある。

「現場でアクションをやっている人たちは怪我をしてもみんな補償なんかないんですよ。会社の社員じゃないですからね。それで出演予定表を書くときに、実際の人数より多めに書き込むことがありました。十人を十三人とか、十三人を十五人とか。浮いたカネは怪我人が出たときの補償金としてプールしてもらえばいいと思って。でも結局はそのカネの行方をめぐって、ひと騒動起きたんですけどね。

まあ、そんな話をすればきりがないですよ。ぼくらだって、いくらかはおいしい思いもしましたからね」（高橋正治）

こうした金銭的な裁量の幅はどんな現場でもあることだろうが、もともとがどんぶり勘定の世界だけにショーの収益の一部が使途不明金になっていたり、裏ガネになっていた可能性はある。しかもショーの収益は金額が大きいうえに、裏ガネというものは公平に分配されるわけではない。得をするものもいれば、分け前にありつけないものもいる。そうなればいつかは不満が爆発して表面化することになる。

ただし、有作が大金を着服していたと考える関係者は誰ひとりいない。有作の気性やふだんの振る舞いから考えて、そんなことはあり得ないと口をそろえる。有作が退社したあとの質素な生活ぶりを見ても一目瞭然だという。有作の退社についてはおそらく自分の不名誉以外の事情もふくまれていたはずだが、有作は詳しい事実を明かさないまま東映を去り、退社後もこの件については口を閉じたままだった。

赤信号を渡った男

有作の退社について発表されている経緯は、おおよそ以下のとおりである。

七四年の夏も終わりかけたころ、東京制作所所長の久保田正巳が生田スタジオを訪ねた。目的は赤字問題の処理と、有作に対して大泉への復帰をうながすことにあった。加えて、生田に集まっていたスタッフに関する問題もあった。これは、東京映像企画をはじめとする関連会社をどう整理するかということであった。

しかし有作は久保田の話に応じることはなく、十月にみずから赤字の責任を取って退社を申し出たという流れである。

有作としては、久保田の話に応じない理由がふたつあったはずである。ひとつは無理を強いてきた外部スタッフに対する義理である。有作にとって、かれらは低予算を承知で集まって来てくれた同志である。そのスタッフを整理して自分だけが本社へ復帰する道はないと考えただろう。

ふたつめは、これが最も大きな理由だと思われるが、組合員が待ちかまえている大泉に復帰することの屈辱である。有作はスト破りを決行して生田へ乗り込んできた。その時点で有作に帰れる場所はなく、むしろ不退転の覚悟がなければ遂行できない任務だったのである。それゆえに、有作に残された選択は静かに消えゆくことしかなかった。まさに鉄砲玉の宿命を受け入れたのである。

そこで、村枝賢一の気になる証言がある。

「内田さんの話だと、『本社からは東映関係者や生田へ来ている関係者すべてにペナルティーがある』といわれた。それで『じゃあおれがクビになればいいんだろう』ということで引き受けた。そういう話を聞いている」

つまり、ショーにまつわる疑惑は広範囲にわたっていたが、有作の自主的な退職ですべてけりをつけた、というわけである。

この件については、有作がいい格好をしただけのつくり話だ、として一笑に付す関係者もいる。しかしそうなると、どう考えても疑惑の中心人物だった松野公造がなんの処分も受けなかったことに違和感が残る。松野は、翌七五年には監督の増田英夫とともにイベント会社を立ち上げたうえ、アトラクションショーを請け負っている。つまり松野は無罪放免だったのだ。そのほか、この件で処分を受けた関係者はひとりもいない。

さらに、先ほど紹介した井上敏樹の証言もある。

「社長は、『あいつも男になったか』のひとことで終わったって、親父はそういっていた」

間接的な証言ながら、伊上勝の言葉は村枝の証言に重なってくる。もちろん有作だけが清廉潔白だったとは考えにくいが、最後までスタッフをかばって「男になった」という説は、十分一考に値する。


有作が姿を消したあとの生田スタジオについて、高橋正治がこう語る。

「有作さんがいなくなったあと、事態を収めに来たのが当時の制作所所長だった久保田さん。有作さんのことは、有ちゃんと呼んでいました。そのときに制作と助監督のスタッフが呼ばれて久保田さんとの対話集会があったんです。

ぼくがその場で発言した意見を久保田さんが気に留めていてくれて、そのあと佐久間（正光）さんを介して新宿歌舞伎町の小料理屋に呼ばれたんです。久保田さんと佐久間さんとぼくの三人でした。詳しい話は覚えていませんが、対話集会でのぼくの意見に対する答えとか、有作さんをどう思うか、という話でした。

有作さんはなにも言葉を残さずに生田を去っていたし、みんなそれほど有作さんのことを悪く思っていなかったので、スタッフ連中の関心は松野公造に集中しましたね。

後任の所長は東京撮影所から来た原田一巳さんです。そのときデスクに来たふたりの社員は、むかし撮影所の部署にあった制作計算の人です。制作計算というのは要するに経理担当ですね。だから問題はおカネの管理だったんでしょう。ふたりが来た意図は明らかだったので、そのことがすごく印象に残っています。おカネのことについていえば、生田ではみんなで赤信号を渡ったのに、車にひかれたのは有作さんだけだった、ということでしょうね。

有作さんがやめたあとは、なにごともなかったかのごとく、きれいに収まりましたよ。大泉から見れば生田は遠い存在だったんですね。反組合的で、ジャリ番ばかりやっていると。もちろん目的のある反組合だったんですが、大泉で本当に生田を評価している人はいなかったでしょう。生田なんか歯牙にもかけていない、という大泉のスタッフもいましたからね。その意味で有作さんは孤立無援でしたよ。でも当時の東映に絶大な貢献をしたことは間違いないんです」

東映本社から見れば、生田スタジオは組合対策としての緊急避難的な場所だったのかもしれない。当初は『仮面ライダー』も当たるかどうかわからない新番組の一本にすぎず、不発に終わればいつでも撤退できたのである。思いがけず生田が変身ブームの発信地として東映の救世主にはなったものの、変身ブームが去り、組合問題が落ち着けば、あとは赤字を出し続けるだけの負の遺産である。中心人物である有作がみずから身を退けばスタッフもよりどころをなくし、粛々と後始末をするだけということになる。

東映生田スタジオが『透明ドリちゃん』の撮影を最後に閉鎖されたのは、有作が退社した四年後、七八年夏のことである。

再出発

有作の退社をきっかけに、スタッフそれぞれの人生が動き始めた。このとき、山田哲久は子供番組から離れる決意を固めている。

「ぼくは所長の部下から『Gメン'75』で助監督がたりないから大泉へ行ってくれといわれて、その一年か二年あとで生田スタジオは閉鎖になるだろうといわれました。ぼくは当然じゃないかと思いましたよ。あんなおんぼろスタジオですからね。

日本現代企画へ出向していたとき、ぼくは『マッハバロン』（『レッドバロン』の続編）の後半でチーフ助監督になったんですが、そのとき、もうカチンコ持ちはやりたくないと思いました。子供番組はもうやりたくなかったんです。

生田に残っていた人も、職業を変えたり、ほかの映画会社へ移ったり、それぞれ進路を変えていきました。ぼくは入所当時いちばん若かったけど、先輩たちは三十歳前後になっていたし、いつまで助監督だとか監督をやっていくのか、そういうことを考えるには生田の閉鎖がいいきっかけになりましたね」（山田哲久）

大野剣友会は七九年に代替わりを果たした。二代目を受け継いだのは岡田勝である。

「『スカイライダー』のときに一話か二話だけ中村（文弥）さんが代表をやって、そのあとやめるという話になりましてね。それでおれが引き継いだんですけど、『スカイライダー』が終わった時点でみんながやめるということになりました。おれとしては素直に『やめるならどうぞ』ということです。『岡田勝は男一匹頑張ります』という気持ちですよ。

それぞれ役者になりたいという人もいれば、ほかのグループでやりたいという人もいたし、あとは岡田勝を信用できないという人もいただろうし。

大野剣友会には、大野幸太郎の影響があり、高橋一俊の影響があり、中村文弥の影響があった。そのうえでおれが代表になったんだから、みんながそれぞれ判断すればいいと思う。

おれは気持ちが殺陣師だから、代表といっても経営者にはなりきれなかったな。おれは殺陣師のほうがうまいんだよ。ただ、大野剣友会の名前はつぶさないという、その気持ちが大きいね。だからおれが最後でもう閉める。ほかのやつがやりたいといっても、まあ無理だろうね」

岡田は大野剣友会の代表になったあと、八六年に有限会社「大野剣友会アクションスタジオ」を立ち上げた。

「現代劇とアクションと両方をやろうということ。最初はそんな気持ちはなかったんだけど、平山亨さんの友達の杉山という人が、学校（アクションスクール）のほうは受け持ちますからやらせてください、というので会社をつくったんです。そのとき平山さんに、会社をつくるならスタジオというかたちにしたら、といわれてね。カネはおれが出したんだけど、最後に杉山にカネを持って逃げられちゃった。それから人間不信ですよ。

おれは銀行通帳も見ていなかったし、月謝からなにからぜんぶ持って行かれちゃって、要は経営者としては根本的に失格。しょせん殺陣師で終わっている。

でも、仕事面では本当に運よく拾ってもらえる人間でね。仕事がなくなると誰かが拾ってくれる。だからむかしのつきあいも続いていて、いまだに桜木健一とも飲むしね」(岡田勝)

岡田は苛酷な体験を経て、いまも大野剣友会の看板を守り続けている。

ところで、かつての〝危険を売る男〟は、CG全盛の子供向けアクション番組をどう見ているのだろうか。

「やっぱり違いますねえ。いまの殺陣師さんは、おれにいわせれば楽ですよ。失敗しても、ちょっと加工しておいてよ、で済んじゃう。おれたちの時代とは違うけど、本当は体で表現すべきところを映像でごまかしちゃうからね。その違いは、テレビを見ているいまの子供たちにとってどうなのかな。ちょっと疑問視している」(岡田勝)

本来、子供たちは危ないことが大好きなはずだが、危ないことを自分の体で覚える環境はなくなってきている。当面は〝加工された危険〟を見て楽しむ時代が続くのかもしれない。もっとも、「ゲームでCGばっかり見ている子供はそんなことを気にしない」(村上深夜)という意見もあるのだが――。

JACが初めて単独でアクションを担当した作品は、七三年の『ロボット刑事』である。そしてこのとき、金田治が主人公・ロボット「K」のスーツアクターに抜擢された。七一年に『仮面ライダー』のトランポリンで大苦戦してから二年後のことである。

ほどなくして千葉真一の指名でＪＡＣの代表になった金田は、七五年から技斗やアクション監督を担当し、メタルヒーローシリーズの『特捜ロボ　ジャンパーソン』（一九七三）で初の監督をつとめた。この間、ＪＡＣは真田広之、志穂美悦子、堤真一らの人気俳優を輩出している。

しかし九一年、千葉真一がＪＡＣを日光江戸村の経営母体である大新東グループに売却し、その売却資金を持ったままアメリカへ移住してしまう。千葉は、ハリウッドから届いたオファーを東映が長年にわたって握りつぶしていたと考えたのである。

もちろん金田たちはこの動きを本意とはしておらず、九六年に大新東グループから独立し、新生ＪＡＣを設立。二〇〇一年には組織を改編してジャパンアクションエンタープライズ（ＪＡＥ）を立ち上げた。金田は九六年から一貫して代表取締役社長をつとめている。

こうした激動の時代をくぐり抜けて来た金田は、さらにアクショングループの将来を見すえている。

「いろいろ問題はあったけど、集団をばらばらにしちゃったら二度とつくり直せないからね。これまでアクションの仕事でメシを食ってきたやつが明日からメシを食えなくなっちゃう。集団をつぶすことがテーマじゃなくて守ることがテーマ。でもそれが大変だったよね。守っていたら仕事が来るのかといったら、そういう時代ではなくなった。

いまはＣＧを使えば画面のなかでなんでも動かせるわけだよ。だから逆に動ける人間は希少価値がつくかもしれない。でもそうではなくて、もしかしたらスタントマンという職業は必要じゃなくなるかもしれない。そこはわからない。メシを食えなきゃ意味はないし先はわからないけど、いま現実に需要があるのであれば、そこは丁寧にやっていこうと。

極端ないいかただけど、いまは人間が動かなくてもおカネを稼ぐことができる。だけど人間が力いっぱい努力して動くことも、人間は認めるんじゃないかな。いまの子供は『仮面ライダー』でも割り切って見ているけど、むかしの子供は変身した本人がやっていると思っていたよね。だから生身の人間が動くことにやっぱりポリシーを持たなきゃ。

いまうちに入って来る人は、スーツアクターをやりたい人が多い。キャラクターものは一世を風靡しちゃったからね。あとは純粋にアクションが好きなやつ。でも五十人いたらアクション派は十五人くらいだね。

ＪＡＥの所属メンバーは一五〇人から一六〇人いるんですよ。ざっくりいうと、毎日六十人から七十人稼働している。三六五日ね。立派なもんでしょう。うちはいいほうだと思うけど、コロナのときは一日の実働が二十数名に減った。六十人が二十人だからね。ひとりが一日働いて五万円だとして、どれくらい痛いかわかるでしょう。だからうかうかしていられないけど、ともかく自分たちで世の中に希少価値を認めさせていかないとね」

金田が語ったとおり、ＣＧ全盛だからこそ生身の人間が演じるアクションの希少価値が高まっていく可能性は十分あるだろう。ただし、テレビという媒体を通したアピールが有効なのかどうか、その点は不透明になりつつある。ひとつたしかなことは、「人間が力いっぱい努力して動くことも、人間は認めるんじゃないかな」という金田の言葉が、まさに芸術やスポーツの根源であることに間違いはないことだろう。

第十二章

男たちの仮面舞踏会《マスカレード》

甦った男

仮面ライダーのオマージュ作品『仮面ライダーSPIRITS』が『月刊マガジンZ』で連載開始されたのは二〇〇一年一月のことである。時期としては、ライダー1号の登場からちょうど三十年という節目に当たっていた（掲載誌はのちに『月刊少年マガジン』へ移行し、『新 仮面ライダーSPIRITS』として連載中）。

この漫画の作者・村枝賢一は連載開始直後に初めて内田有作と対面している。その際は漫画家としてではなく、ファンクラブ・青年仮面ライダー隊の一員としての取材が目的だったという。

「青年隊の隊長から『内田有作さんはものすごく恐い人らしい。だからおまえが行ってくれ』といわれましてね。青年隊の本部は大阪にあるんですけど、毎日放送の影響なのか、熱いマニアがそろっているんですよ。

それ以前、ぼくも内田さんという元所長がいらっしゃったのは知っていましたけど、生田スタジオもふくめて情報はほとんどありませんでした。内田さんが生きているのかどうかもわからなかったんです。生田のプロデューサーだった阿部（征司）さんを通じて内田さんの消息を知ったのですが、内田さんご本人も『死んだと思われていた』とおっしゃっていましたね」（村枝賢一、以下同）

有作が生田スタジオを去ったあと、その消息を知るものはごく少数に限られていた。村枝の訪問当時、六十六歳の有作は東京・市ヶ谷にある大日本印刷の関連施設で守衛の職についていた。守衛室を訪ねた村枝は勤務中の有作にいきなり缶酎ハイと鶏の唐揚げでもてなされ、いかにも昭和の仕事師らしい有作の男ぶりにすっかり魅了されてしまったという。以降、村枝は「ライダー関係者のなかでいちばん好きなのは内田さん」と公言し、積極的に有作と生田スタジオの情報を発信していく。

「『仮面ライダーSPIRITS』の巻末に当時の関係者の記事を載せていったんです。そこにはこだわりがあって、最初に取材したのがプロデューサーでも企画担当の平山亨さんじゃなくて現場担当の阿部征司さん。出演者も俳優さんじゃなくて大野剣友会。なぜなら、俳優さんは撮影現場では王子様なんですよ。最後に来て最初に帰るというイメージでね。まあ、そういう仕事だから当たり前なんですけどね。

この企画では、本当の現場の人たちから載せていこうという方針でした。あくまでもスタッフ優先で、仮面ライダーをキャラクターとしてではなくて、仕事として知ってほしかったわけです。

そのころ特撮誌やホビー誌からもインタビューの依頼が増えていたので、ぼくは優先的に内田さんを指名させてもらって対談しました。どうしても内田さんのことをみんなに知ってほしかったんです」

さらに村枝は二〇〇六年九月、『週刊少年マガジン』で『仮面ライダーをつくった男たち』を発表し、その中心人物として描かれた有作の存在はファンの間で強く印象づけられた。

「『仮面ライダーSPIRITS』を発表したときの反応は、いきなり〝ドンッ!〟でしたね。予想以上に、時代が仮面ライダーに飢《かつ》えていたという感じです。当時はフィギュアブームの最中でいろいろアイテムは手に入るんだけど、読み物やムービーがない。『SPIRITS』の連載開始はちょうど『仮面ライダークウガ』の放映とほぼ同時期なんですよ。『クウガ』も〝ドンッ!〟といきましたからね。

極端な話、昭和の『ストロンガー』までは石ノ森章太郎先生のお弟子さんたちがコミカライズをやっていましたけど、それっきり新しい作品としては出ていないんですよ。だから〝甦った感〟が強かったんじゃないですかね。

『仮面ライダーをつくった男たち』も、発表した途端に『少年マガジン』のアンケートで一位です。それで単行本一冊にまとめようということで第四話まで描いたわけです。

石ノ森章太郎先生が、『時代が望むときに仮面ライダーは必ず甦る』という名言を残していますけど、そういうふうにしかならないんだなあ、と思いましたよね」

暗闇に射す光

村枝との運命的な出会いにより、陰っていた有作の人生には少しずつ光が当たっていく。しかし、ここに至るまでの有作の人生はほとんど闇のなかだった。

七四年十月、四十歳で東映を退社した有作がまずやったことは、兄の一作とともに脚本家の伊上勝を巻き込んで新会社を立ち上げる試みだった。おそらく映画界でのキャリアを新会社で活かせると考えたに違いない。伊上は有作が東映を退社したあともつきあいが続いた数少ない友人のひとりではあったが、この話は伊上にあっさり断られ実現しなかった。

その後、有作は都議会議員の選挙参謀や、駄菓子屋経営もやってみたが、いずれも思いつき程度の行動で長くは続かない。

七六年には千鶴子夫人と結婚するという慶事があったものの、挙式の直前に兄・一作の夫人である久美子が踏切事故で亡くなるという悲劇に見舞われた。久美子と千鶴子は早稲田大学の学友であり、先に一作と結婚していた久美子が、千鶴子を有作に紹介したという経緯がある。この時期、有作の運命の歯車は、悪いほうへ悪いほうへとまわり続けていた感がある。

有作は結婚後、独立系の映画製作会社「現代ぷろだくしょん」に制作担当として入社し、『春男の翔んだ空』や『はだしのゲンPART3』などを手がけた。しかし、この会社ともわずかの期間で喧嘩わかれの状態になってしまい映画界復帰のチャンスをつぶした。

この間の有作は、自分がすべてを生田に置いてきてしまったことに気づき呆然としていたに違いない。ふり向いても取り戻せる過去はなく、前を向いてもたしかな光は見えない。いったいこれまでの人生はなんだったのか。自問するたびに、東映生田スタジオの名前が社史にも載っていない現実を思い出し、胸のなかを乾いた風が吹き抜けていった。

内田吐夢を敬愛する山田哲久は、吐夢関連の書籍が出版されたり雑誌記事が掲載されるたびに有作に届けた。もちろん有作は喜んで山田の厚意を受け取ったが、ほかの関係者とは疎遠になり、有作の近況を知るものは次第に少なくなっていった。有作もみずから各方面に連絡を取ることはなく、重苦しい雌伏の時を送ることになった。

二〇〇一年五月、東映生田スタジオの元スタッフによる同窓会が、新宿・ライオン会館で催されることになった。その年の春、高橋正治、梅田味伸、伊東暉雄、久保田悦夫らの飲み会があり、その場の勢いで話が決まったのだという。

この同窓会の打ち合わせのため、有作の仕事場を訪ねた高橋正治はこう語っている。

「有作さんが守衛をやっていると知ってびっくりしましたよ。打ち合わせのメンバーは、ぼくのほかに阿部（征司）プロデューサー、助監督だった久保田悦夫の三人です。四畳半か六畳くらいの守衛室で待っていたら有作さんが巡回から帰って来て、さっそく缶酎ハイを出してくれました。有作さんも仕事中なのに一緒にガンガン飲んでね。そこが有作さんらしいなと思いましたよ。なにしろ久し振りですからね。ぼくらに対する照れもあったのかもしれないし、こんな姿を見せたくなかった、という気持ちもあったのかもしれない。なんとなく、そういうナイーブさを感じましたね。

同窓会の件は有作さんも異論はなくて、そのあと久保田が平山（亨）さんや石森プロに声をかけて参加メンバーを集めていったわけです」

この同窓会の時点では村枝賢一の『仮面ライダーＳＰＩＲＩＴＳ』が始まっており、有作の運気はやや上昇気配にあった。さらにこの会合には元スタッフや仕事関係者だけでなく仮面ライダーファンも招かれており、かれらの存在が有作を喜ばせた。

その様子を、この同窓会に参加していた村枝が語る。

「同窓会では、ファンが内田さんのところに押しかけて仮面ライダーや生田スタジオのことを熱く語るわけですよ。内田さんも、ファンはこんなに待っていてくれるものなんだ、ということに気づいたんでしょうね。それで自分から仮面ライダー生誕三十周年の記念イベントをやろうといい出したんです」

ここに集まったファンはいわゆるオタクといわれる面々だろうが、有作にとってそういう人種との接触は初体験だったはずである。守衛という地味な仕事を黙々と続けていた有作は、いきなりアイドル並みの人気者に押し上げられたのである。一気に新しい景色が開けたと思うのは当然だろう。

そしてこのころから〝子供のための千年王国〟という発想が有作のなかにめばえ始めていた。人間は世代交代をくり返しながらも、子供にはいつも夢をはぐくむヒーローが必要だと気づいたのだ。それゆえに有作は、夢を受け継がせるたしかな機会を自分の手でつくろうと決めた。

「三十周年イベントの開催場所は、内田さんが住んでいた門前仲町の冬木です。例によって、その打ち合わせを内田さんの職場の守衛室でやりました。阿部さんと石森プロの加藤さんとぼくの三人で集まったんですが、内田さんを発起人にして、兵隊は青年仮面ライダー隊が出します、という方向にしたわけです」（村枝賢一）

三十周年記念イベント

当時、有作は東京・笹塚の家を売却し、江東区冬木（門前仲町）のマンションに移っていた。イベントの開催場所は地元の公民館のような施設でレンタル費は安かったが、許可取りなどはすべて有作自身がやった。

「イベントのメインはトークショーですね、役者さんたちを呼んで。藤岡（弘）さんは来れませんでしたけど、佐々木（剛）さんと宮内（洋）さんが来てくれました。あとは大野剣友会の人たちですね。

会場では『仮面ライダー』のテレビ番組も流したので、その許可取りに内田さんは何度も東映に行っていました。東映の社員にしたら内田さんはもう伝説の人なので、ぜんぜん門前払いとかはありませんでしたね。

スタッフ担当は、青年仮面ライダー隊、タチバナレーシングというファンクラブ、そしていまはもうないんですけど新喜多《しぎた》という佐々木さんのファンクラブ、この三つでやっていたわけです。東京の会員だけではなくスタッフは全国から集まりましたよ。そういう意味でファンの結束力は強いんですけど、ちょっと重いというか、スタッフ同士の派閥争いみたいになっちゃうんです。タチバナレーシングと新喜多はバチバチでしたもん。それに『アタマは青年隊だからな、わかってるだろうな』みたいな雰囲気があって、それ以外のグループは外の見張りに追いやられたりして会場に入れない人もいるんです。

ただ、最後にステージで合唱しようというとき、有作さんが役者さんを舞台から降ろして、割を食ったスタッフを引っ張り上げましてね。スタッフ全員で歌わせたわけです。そういう粋なことをなさる。だから生田スタジオでも内田さんがみずから便所掃除をして、スタッフに特製うどんを振る舞って、いい作品を撮るために士気を高めていたんだなあとすごくわかるんです」（村枝賢一、以下同）

有作は持ち前の現場リーダーぶりを発揮してファンの心をつかんでいった。村枝によれば、有作はみんなが好きになってしまうような人たらしだったという。もちろん、オタク気質によるひいきの引き倒しもあるだろうが、少なくとも有作がわけへだてなくファンに接し、友好気分を盛り上げたことはたしかなのである。

とはいえ、やはり有作はいつもの場当たり的な一面も見せている。このイベントはいちおう有料だったが、スタッフだけでほとんどの客席が埋まってしまい、一般客は数えるほどだったという。つまりほとんど収入はなかったのだ。

「どれだけ有料の客が入るかわからないのに、内田さんが十万円分ぐらいスーパーに寿司を注文していたんですよ。しょうがないから最後はぼくがかぶろうと思っていたんですけど、そうしたら青年隊の隊長が寿司にゴキブリが入っているのを見つけて『これで返品できる』といって、ひどい話だけど実際に返品しました。そのとき内田さんは自分でスーパーにいわないで、ぼくにいわせたんですけどね。

そういうことはあったにしても、ド素人ばかりを兵隊に使って内田さんがつくり上げたイベントですからね。その部分の印象が強いですね」

オタクとの遭遇

三十周年記念イベント以降、有作の生活は変わった。有作とパイプができたファンにしょっちゅう引っぱり出されるようになり、有作も積極的に応じていた。

「飲み会のあとカラオケに行くと、必ず〝大地をけって〟という歌い出しの『ライダーアクション』を歌って、その次に『チャンチキおけさ』を歌う。とにかくファンとの交流を一生懸命にやっていましたね。ぼくも月に二回くらいは会っていたんじゃないかな。

ファンは真剣にいろいろ聞いてきますからね。そういう質問に答えるのは内田さんも相当楽しかったと思いますよ。おカネになるわけじゃないんだけど、そういう喜びの気持ちが四十周年記念イベントにつながったんだと思います」

マニアなりオタクなりといわれる人たちは、むかしの楽屋話に興味津々なのである。できれば楽屋に住みつきたかったぐらいの人たちであり、楽屋話の語り手はすなわち英雄である。たとえていえば、有作は時を経て戦争を語るかつての撃墜王のような存在だったかもしれない。そこでは武器弾薬の不足も、パイロットの死の恐怖も、無残な敗戦さえも話を盛り上げる要素になる。

有作が英雄になるためには三十年という時間が必要だった。そしてその間に、生田スタジオの設備の貧しさも、スタッフの生活不安も、短期間で行きづまった経営の失敗さえも、すべてが伝説になった。

そもそも伝説といわれるものが庶民の語り伝えから発生している以上、同じ話が何度もくり返され、そこに少しずつ美化や誇張が加わって成り立つものである。何世代も経れば、伝説の発生当時を知っている人たちからすれば聞いてあきれるようなホラ話に変質している場合もあるだろう。とはいえ、やはり原点に伝えるべき事実や人間が存在したからこそ伝説は成り立つ。

数多くの元スタッフと対話してきた村枝賢一はこう語る。

「やっぱりみなさん人間なので、あいつよりおれのほうが功績はでかいんだ、といいたがる傾向はある。本人がウソをついているわけではないにしても、記憶が上書きされちゃっている人もけっこういるんです。（渡邊）亮徳さんなんか『仮面ライダーのデザインはおれが考えた』といっていましたよ。

そういう記憶の上書きは誰にでもあるでしょう。脳がどんどん年老いていくのでね。だから、それだけ仮面ライダーが化け物なんですよ。人は年老いて死んでいってるのに、ライダーだけがいつまでも輝いているんだから」

有作が脚光をあびたのは、オタクジャーナリズムの需要があったことに一因がある。ゆえに有作は希少な語り部として重用され、仮面ライダーや東映生田スタジオにまつわる話を何度もくり返すことになった。ファンに持ち上げられて子供のようにはしゃぐ有作を苦々しく思う元関係者もいたはずだが、もとより有作に罪があるわけではない。つまり有作にはそれだけの商品価値があったのだ。

有作を〝発掘〟した企画マンのひとりであるTARKUSの高橋和光は次のように振り返っている。

「ぼくが以前にいた編集プロダクションから独立したとき、『テレビマガジン』が仕事の軸だったんです。『テレビマガジン』の編集長だった田中利雄さんが定年で退職されるとき、『仮面ライダー・リミテッドボックス』という企画を立てました。これは、カルビーのライダーカード五四六枚セット、バンダイのガチャポンHGシリーズ色替えバージョン、テレマガ増刊『仮面ライダー大百科号』の復刻版など、そういったライダー関連商品の詰め合わせです。定価が一万三〇〇〇円で全予約注文生産。発売は二〇〇〇年の四月です。

そのパブリシティーで、田中さんが有作さんを推奨してくれたんです。すでにほかの関係者はジャーナリズムにかなり露出していたので、有作さんならインパクトもあるし、わかる人にはわかる、ということで。

有作さんとお会いした次の機会は『仮面ライダーSPIRITS』の関連で二〇〇二年の春にインタビューしています。それがきっかけになって有作さんと昼間から一緒に飲むようになったんですね」

高橋と有作が出会ったきっかけは、あくまでも仮面ライダーに関連したビジネスである。しかし、高橋がビジネスを進めていく過程で有作の人柄にひかれたからこそ、ふたりのつきあいは終生のものになった。その意味では、有作自身も伝説の原点になる資質を持っていたのである。

有作は守衛の仕事のあと、シルバー人材センターを通じて清掃業に従事していた。「年金なんかないから、死ぬまで働かなきゃいけないんだよ」と有作は山田哲久に打ち明けている。そういった状況で突然スポットライトをあびれば、そのライトが消えて単調な日常に引き戻されることはおおよその人間にとって苦痛でしかない。そう考えれば、「仮面ライダー」四十周年という節目に、有作がリスク覚悟で大イベントを仕掛けた心情は十分理解できる。そして有作は、生田スタジオ開設時のごとく猛然と走り出した。

ザ・ラスト・イベント

「二〇一一年七月十六日～十八日、池袋・新文芸坐で催された仮面ライダー生誕四十周年記念『ライダー大集合！』。歴代のライダー俳優を始め、大野剣友会や当時の制作スタッフなど、数多くのゲストを招いて繰り広げられたこの夢の祭典は、元東映生田スタジオ所長の内田有作さんが発起人となり、完全有志によって企画・運営された手作りイベントであった。もちろん、内田さんから全幅の信頼を寄せられる我らが村枝賢一先生も、実行委員会の中心メンバーとして早期から参画することになった」

以上は、『仮面ライダーをつくった男たち　1971・2011』（取材脚本・小田克己、漫画・村枝賢一）で紹介された四十周年記念イベントの骨子である。

この四十周年イベントは、規模も期間も三十周年とくらべて格段にスケールアップしていた。それだけに多くのスタッフの献身的な協力がなければ成立しなかった。

たとえばTARKUSの高橋和光は自社の会議室を実行委員会に提供し、事務方のトップもつとめた。さらに高橋は会場となった池袋・新文芸坐に支払う前払いレンタル費やタレントのギャランティーなど数百万円を有作のために立て替えている。

そのうえこのイベント開催の一ヵ月前、大腸ガンの手術を受けた有作はドクターストップでまったく動けなくなってしまった。どう考えても最悪のタイミングである。しかし中枢スタッフは頻発するアクシデントに辟易しながらも決して動きを止めなかった。

高橋和光のパートナーとして実務を仕切った室井辰夫（仮名）はこう振り返っている。

「要するにファン気質というんですかね、一部には役者さんとお友達になりたい、スタッフと知り合いになれればいい、でも汗はかきたくないという人がいる。あるいは、とりあえずスタッフの一員として名前が載っていれば自慢できるという人がいる。だから当初はスタッフの頭数はそろっているけど、ぜんぜん動いていなかったというのが実態です。

ただし有作さんが偉いなと思うのは、あのイベントは完全に内田有作の個人イベントなんですよ。法人とか組織としてやったわけではなくて、東映との契約をはじめ、その他もろもろ内田有作個人の契約ですからね。劇場を三日間借りて、多くの役者とかスタッフを呼んで、カネを集めて、もし赤字になったら全部個人で負うわけですよ。その覚悟を持ってやったわけで、そこは本当に立派だと思います」

有作に覚悟があったからこそ、中枢スタッフは有作を見捨てなかった。そして有作の覚悟は十分に報われた。

「有作さんが入院していた墨東病院（東京・墨田区）にはスタッフが撮影機材を持ち込んで事前に有作さんの映像を撮りました。初日は会場へのメッセージとして映像を流したんですが、その直後ですよ。有作さんが病院を抜け出してきたのは。

会場のファンの人たちにはサプライズゲストですよ。有作さんは残念ながら入院中で出席できない、という告知を早い段階で出していましたからね。実行委員会のあいさつも阿部征司さんに代行してもらって、有作さんが出られないのは周知の事実だったんです。それがいきなり現れて観客は拍手喝采ですよ。有作さんもうれしかったんじゃないですか」（高橋和光）

実行委員会のスタッフとしてイベント開催に尽力した村枝賢一は、生田スタジオとの関連を次のように語る。

「イベントの準備中は、想定と違う話があとからあとから出てくる。じゃあやめましょうかといっても、ホールはもう借りちゃっているし――。

だから、きっと生田スタジオもこういうふうにつくったんだなと思ったんです。内田さんがウソもハッタリも込み込みでみんなを誘い込んで、まずはできることをやる。内田さんの芸風は謝らないことなんですよ。途中で謝ったらウソになっちゃいますからね。最初はウソと思われても、遅ればせながらでも約束は守ると。そうしないと始められなかったんだから、しょうがないだろうと——」

村枝の指摘がいかに正しいかは、もし有作が万事に慎重な男であれば、記念イベントの開催はおろか、東映生田スタジオの存在さえなかっただろうと容易に想像できることで証明される。

そして有作が生田で発揮した火事場の底力は、業界を超え、時代を超えて様々な影響をおよぼしていた。しかもその影響力は、有作の時代には到底考えられないような複雑なビジネス展開に結びついていくのである。

第十二章
スポンサーとクリエイター

テレビ発のおもちゃ

大人向け高級玩具〝超合金魂〟を手がけた野中剛は、仮面ライダーが登場してから十六年後の八七年にバンダイへ入社し、おもちゃ業界の天皇ともいわれた村上克司の直属の部下になった。野中は村上と同様、企画・開発の立場でありながら自分でもデザインを描くため、社内では村上二世と呼ばれることもあった。なお野中は二〇一四年にバンダイを退社し、現在はフリーの玩具デザイナー、プランナー、イラストレーターとして活動している。

テレビとおもちゃの深い関係を野中が語る。

「庵野秀明さんがぼくの五歳年上なんですけど、その年代から以降はなんといってもテレビキャラクター世代だと思う。テレビを見て熱中して、そのあとなにかを追体験する。たとえば〝ごっこ遊び〟をしたり、関連の出版物を買ったり。その選択肢のなかに、おもちゃも絶対にあった時代です。

もうひとむかし前だったら、おもちゃよりお菓子のほうがキャラクターに近かった気がするんです。キャラクターも子供向けのアニメが中心でしたから、マーブルチョコレートについていたシールが大人気だったように、お菓子のほうが上だった。おもちゃがメインになってくるのは、ソフビ（ソフトビニール）人形の登場あたりからでしょう。

どんなものでも同じように歩くブリキ玩具の時代から、キャラクターをそれらしく表現する自由度を持ったソフビ人形の時代になったわけです。それから合金製のボディーを持って、テレビと同じように手が飛び出したり、背中に翼がついたりするギミックのおもちゃも出てくる。その一方ではプラモデルもあるんですよ。だからぼくらは、テレビキャラクターとおもちゃの関係がどんどん切っても切れなくなっていく時代を体験している。なにかを見たら、そのおもちゃをほしいと思うか思わないか、そのことが評価基準になっている部分があった。

そのときに超合金のマジンガーZが出たりして、おもちゃがほしくなるのと同時に、おもちゃ屋さんがテレビの裏でいろいろ仕掛けているじゃないか、ということにぼくは気づいたんです。でもそれは騙されたと思うことじゃなくて、『そういうおもちゃ屋さんの仕事って最高に面白そうなんですけど』っていう感じなんですよ。

アニメの専門メカデザイナーといわれる人たちも、『あとでおもちゃになるから』と意識していることをみなさん証言しているので、とくにロボットアニメ以降の人たちは立体物としてのおもちゃと一体になってデザインを考えていく方向ですよね。その時代のど真ん中にじつは村上克司さんがいた、ということだと思うんです」(野中剛、以下同)

村上はおもちゃの企画・開発にとどまらず、みずからデザインを手がけた。それだけでもおもちゃ会社の社員としては異例のことである。さらに村上のデザインには独自に先取りした世界観があった、と野中はいう。

「たとえば『仮面ライダーZO』のときでも、村上さんは完全に自分の仮面ライダーをつくろうとしていた。離脱した宇宙船からカプセルで脱出し、地球にたどりついたあとは人間と一体化して改造人間と戦う、というイメージ。そういうことをイメージボードとしてマーカーで描いているんですよ。だから、ただのおもちゃデザイナーではないんです。おもちゃのデザインを描いているときには、じつはそれがどういうふうなかたちで誕生して、どんな活躍をして、どんな映像をもって子供たちに訴えかけるか。そしてどんな映像だったら子供たちにズバッと刺さるか。そういうことが頭にあるわけです。その意識をビジネスというよりも、自分のクリエイティビティーとして持っていらっしゃる方なんですね。

ほかにも東映特撮作品にデザインを提供するときは、同時に必ずそのヒーローが活躍している絵が一枚つくんです。敵もふくめた具体的な場面描写としてね。そういう演出というか、キービジュアルを必ず一緒に提案される。ぼくはそこが村上さんのいちばん非凡なところだと思っていて、ぼくが後年にかかわった平成ライダーもデザインだけじゃなくて、たとえば『仮面ライダー龍騎』がドラゴンを召喚する場面とか、必ず絵にして出すようにしていましたね」

番組はおもちゃの宣伝なのか

村上克司の傑出したクリエイティブ能力は誰しも認めるものだろうが、それゆえに番組制作サイドとおもちゃ会社、つまり東映とポピー（のちにバンダイと合併）の偏った関係が生まれたとの見方はある。なぜなら、後年になるとスポンサーを兼ねるおもちゃ会社の立場が強大になり、とくに平成以降の『仮面ライダー』は番組そのものがおもちゃの宣伝になってしまった、という批判を呼んでいるからである。

以下、野中の証言はアニメを例に取っているが、特撮も同じような状況と考えていい。

「ロボットアニメのブームが、おもちゃ会社と映像製作会社の蜜月関係を加速させたことは間違いないでしょう。そうさせたのはやはりポピーのせいだったと思います。それまでは、ヒーローのおもちゃもソフビでつくるか、合金でつくるか、あるいはプラスチックでつくるか、それくらいの差でした。ヒーローのデザインは石ノ森章太郎先生や永井豪先生（ダイナミックプロ）がつくったものでよかったんですよ。おもちゃにするネタがあれば、おもちゃ会社が番組のスポンサーについてくれる。スポンサーが見つかるということは、すなわち制作会社も仕事になるということですよね。

そのときにポピーの超合金マジンガーZがあまりにも売れていたので、当然おもちゃ会社としては、『マジンガーZ』みたいな番組をやればいいんじゃないかとまずは考えますよ。そして、キャラクターのデザインはおもちゃ会社のポピーのほうから提供しているらしいと気づく。そうすると番組を抱えているおもちゃ会社も自分たちが使っているデザイナーがいますから、かれらに絵を描かせて、それでアニメをつくってみようと動きますよね。そういう動きを加速させたのが七〇年代の初めだったんじゃないかと思います。

『マジンガーZ』と同じダイナミックプロの『鋼鉄ジーグ』という漫画がありました。あれは完全にタカラ（現・タカラトミー）さんの持ち込み企画で、パーツが磁石でくっつくおもちゃとしてのギミックが先にあって、永井豪先生にこれでなにかお願いします、という状況で生まれた。しかも『鋼鉄ジーグ』のアニメを当時は東映動画さんがつくるということですから、東映動画さんとしては『マジンガーZ』や『ゲッターロボ』をポピーさんがスポンサードしているなかで、もう一枠、タカラさんのスポンサードで確保できるわけです。しかもスタッフは『マジンガーZ』と一緒でね」

これぞまさしく、バンダイと東映の〝ウィン・ウィン〟のビジネス関係と思われるが、現実にはどう推移したのか。

「制作会社としては、ロボットアニメをつくれば必ずおもちゃ会社がスポンサーについてくれる。運がよければおもちゃも売れて版権料も入ってくる。でも不満が出るのはその先です。実際に映像作品をつくっているのは現場の方々ですから。

脚本を書く人、アニメキャラクターのデザインをする人は、いきなりこれですよって、おもちゃ会社からポーンと設定を投げられるわけです。有名な話では、富野由悠季《よしゆき》監督の『伝説巨神イデオン』のケースがあります。本来は、バスと自動車と消防車という子供に人気のある乗り物が三種合体してロボットになる、というトミーさんの企画だったんです。

そこで富野さんは企画に乗っかるふりをして、まったくちがうアニメをつくっちゃうんですよ。いやらしいといえばいやらしいし、富野監督らしいと思うんですけどね。でもその作品はアニメファンに大いに受けて、多くのクリエイターが永遠の一本として勧めるアニメになっているんです。ただし、どう見てもおもちゃがほしくなるような感じではない。ちょうどそのころガンプラ（ガンダムのプラモデル）ブームが始まり、アオシマ（青島文化教材社）さんがイデオンのプラモデルをつくって、それは売れるんですよ。トミーさんだけが馬鹿を見るような感じになっちゃった。そんな悲喜こもごもはあったわけです」

富野由悠季は、いうまでもなく『機動戦士ガンダム』の生みの親として伝説的な存在である。なおかつ戦中生まれ（四一年）のクリエイターとして矜持は高い。『イデオン』における騙し討ちのエピソードを痛快と感じるファンは少なくないだろう。

「『イデオン』に近いことはぼくも職についてから何度か経験しています。監督さんとさんざん打ち合わせをしながらキャラクターデザインを決めて、基本はできあがるんですけど、劇中での扱いが違ってきちゃうこともあります。クライマックスでこっちが知らないキャラクターが出て来ることもあります。やっぱり映像作家というポジションからすると、『おもちゃを売るために、商品のキャラクターが活躍するアニメをつくってください』といわれて『はい、喜んで』という気持ちにはなりませんよね。でも時代が変わってくると、同じようなキャラクター玩具で育った人たちが現場にたくさん出て来るので、『こういうおもちゃがほしくなるよね』っていうスタンスで接していただけるスタッフもいまは多いんです。監督さんみずからが大のおもちゃコレクターで、おもちゃリストを描いてくれって、逆にリクエストをもらうようなこともあります。『仮面ライダー』についていえば、むかしのやり方だったら石ノ森章太郎先生が最初にデザインを描くところからしか企画は動かない。『イナズマン』だろうが『ゴレンジャー』だろうが、あまたの東映ヒーローは渡邊亮徳さん以下、石ノ森先生に頼りっぱなしの時代が続くんです。でもそのあたりからポピーがデザインをバリバリやり始めるんですね。石ノ森先生のほうもデザインを描かれるぶんにはいやじゃないんですよ。先生のあまり得意じゃない分野のところで村上さんがピシッと描いてくれれば、まあいいねっていう話になるし、それでおもちゃが売れるわけですから」

石ノ森章太郎は戦前の生まれ（三八年）だが、富野由悠季監督とはかなり指向が違う。矜持の問題を超えて、どこまでもリアリストなのである。おそらく特撮やアニメが、いずれおもちゃに依存することを直感的に予見していたようにも思われる。そのことは、石ノ森が加藤昇という敏腕マネージャーと組んだことにもよく表れているが、その点は後述する。

信頼の世代

「問題はそのあとですよ。『仮面ライダーBLACK』。ぼくも八七年バンダイ入社なので、まさに『BLACK』誕生の直前です。当初、このスーツのデザイン画は表面がぴかぴかなんですよ。有名な筋肉繊維みたいなディテールはまだついていないんですね。

石ノ森先生はハリウッドに影響されていたのか、バッタ男（主人公・南光太郎がBLACKに変身する途中形態）をやりたくてしょうがない時期。村上さんはそれじゃおもちゃが売れないなと思っている時期。村上さんは自分なりの仮面ライダーを模索しながら、先生にも配慮している気配があります。バッタ男も自分で描いたりしていますね。

ただ村上案には先生がどうしてもゆずれないメカっぽさがあって、最終的にはつや消しの黒になり、筋肉繊維が追加されることになった。村上さんの美学的にはこういう筋肉のナマっぽい感じは絶対に許されないはずですが、ここは村上さんがゆずったところだと思います」

石ノ森章太郎は九八年一月に六十歳という若さで死去した。石ノ森が健在のうちは、あくまでも仮面ライダーは石ノ森ブランドである。バンダイとの兼ね合いでいえば、そこには一定の歯止めがあったのだ。

「『仮面ライダー』だとこういう話になるけど、『宇宙刑事』や『スーパー戦隊』の話になると、コンセプト的なところもふくめて、バンダイ側の権力が大きかった時代はあります。でもそれは東映さんが別に従属していたわけではなくて、東映の渡邊亮徳さん、プロデューサーの吉川進さん、特撮の矢島信男さん、造形の前澤範さんといった同世代の方々と、村上さんをふくめたバンダイの間に結束感や信頼感があったんです。

ぼくもうらやましいと思ったことはありますけど、派手な論争になっても会議が終わるころにはまとまっていました。ただし例外は亮徳さんですね。亮徳さんが、こんなもんは売れん、とひとこといった場合は村上さんが描いたデザインでもだめです。九五年の『超力戦隊オーレンジャー』のときもそうでしたね。亮徳さんは、子供向けキャラクターを長年扱うなかでつちかわれた目を持っていたんだと思います。これは好き、これは嫌い、これは売れる、これは売れない、というはっきりした線引きがあったんですね」

バンダイはバンダイナムコグループとして一部上場を果たすため、八三年にポピーを合併する。そしてバンダイの村上克司が番組のキャラクターを提示し、東映と石ノ森章太郎が追認するかたちは次第に固まっていく。しかしそこには三者が納得ずくでプロジェクトを進める前提があり、スポンサーとしてのバンダイの弊害が目立つことはまだなかった。

日本はこの間に二度のオイルショックを経験したものの、経済は全体として成長し続けており、業界を問わず様々な矛盾が噴き出すのは、経済成長が止まったことをみなが意識し始めたバブル崩壊以降である。換言すれば、給料が増え続け、子供が減らないうちは、誰も本気で将来を心配する気にはならなかったということである。

マネージャーかパートナーか

石ノ森章太郎は手塚治虫以上に膨大な作品群を残した漫画家である。その広い仕事領域のなかで、東映の特撮番組とも深いかかわりを持ち続けた。そして多忙な石ノ森の代理人として各種の打ち合わせや会議に参加していたのが加藤昇である。

加藤は石森プロのマネージャーとして知られていたが、石森プロは石ノ森章太郎がつくった会社とはいえないらしい。TARKUSの高橋和光が加藤本人から受けた説明によれば、石森プロは石ノ森作品の映像化やマーチャンダイジングを取り仕切るために加藤が設立した会社だという。つまり加藤は石ノ森に雇われたスタッフではなく、石ノ森と対等な立場のビジネスパートナーなのである。のちに石森プロに入ったショッカーO野によれば、石ノ森作品の映像化やマーチャンダイジングから派生する売り上げの一五パーセントが加藤の取り分になっていたという。

平山亨の『仮面ライダー名人列伝』によれば、加藤は渡邊亮徳に版権ビジネスの有効性を説いて実施に踏み切らせ、仮面ライダーで東映に億単位の収益を上げさせたという。さらに平山は、加藤が日本で版権ビジネスの有効性を発見した数少ないパイオニアであると強調している。

加藤の敏腕ぶりは業界でよく知られており、対外的に石ノ森の代役をつとめるほか、企画面のサポートやメディア対応などもこなした。ここで興味深いのは、加藤が師弟関係や組織的な職務の延長上で石ノ森のマネジメントを請け負ったわけではない点である。

石ノ森は〝漫画〟にかわって〝萬画〟という言葉を提唱したように、先駆者としての資質に富んでいた。つまり新しもの好きだったのである。そして時代の流れを見抜くリアリストでもあった。したがって特撮作品にデザイナーとして参加し、おもちゃの開発にまで関与することは漫画家の矜持に反することではなく、むしろ新しい創作スタイルだったのである。さらにいえば、特撮作品やアニメは、いずれおもちゃ屋のスポンサードがなければ成立しなくなると見通していた感もある。その意味では、マーチャンダイジングのパイオニアをめざす加藤が組む相手として石ノ森は最適だったはずである。そして、その成果は十分にあがっていた。

一方、次第に加藤と渡邊亮徳の密接な関係が話題になることが多くなった。両者はたがいに東映特撮番組のキーマンであり、マーチャンダイジングの推進者である。ふたりの関係が深まるのはビジネスとして自然な流れと思われる。しかし渡邊の東映における権限が強まるにつれ、その周辺に派生する利権も大きくなっていく。なんとか渡邊に取り入りたい第三者からすれば、加藤と渡邊の関係は癒着と見えても不思議ではない。

元『テレビマガジン』の田中利雄は、「加藤さんは亮徳さんとあまりにも密接だったから、すごく嫉妬されただろうね」と語っている。

また野中剛は次のように証言する。

「加藤さんは亮徳さんの知恵袋的な人だと理解していました。ただポピーの杉浦さんにも、そういうブレーンみたいな人がいて、その人がいろいろ入れ知恵をして、杉浦さんはそのままこちらにぶつけてくることがあるんです。そういうときに、クソーッ、と思ったことはあるので、加藤さんも同じように恨みを買うことがあったかもしれませんよね。ぼくが加藤さんにお会いしたときは、アクアプランニングの名刺をお持ちでした。石ノ森先生の代理というよりも、フリーランスの企画プランナーというイメージでした」

アクアプランニングは加藤が石森プロを離れたあと活動の場とした会社である。マーチャンダイジングが巨大化・複雑化するにつれ、それまでには想定していなかったマネジメント上の問題がいろいろ発生してくる。石ノ森と加藤のパートナーシップも、どこかで行きづまっていたのかもしれない。

周囲の目線

ショッカーO野は加藤が石森プロを離れたあと、同社のマネージャーになった。O野は以前から石ノ森の誘いを受けていたが、理由をつけて断っていたのである。O野と加藤のウマが合わないことを見越していた石ノ森はO野にこう告げたという。

「どうだ、そろそろ石森プロに入らないか。加藤はもうやめたから。噂は前からいろいろ聞いていたけど、おれより稼いでいるみたいだし、それもちょっとどうかと思うしな」

おそらくこの時点で石ノ森と加藤の間には修復不可能な亀裂があったと考えられる。具体的な疑惑などなくても、石ノ森が加藤に不信感を抱いた瞬間にパートナーシップは崩れるからだ。

本来、石ノ森と加藤が同等のビジネスパートナーであり、加藤が独立した代理人なのであれば、仮に石ノ森より加藤の稼ぎが多くても問題はないはずである。加藤が石ノ森関連以外の仕事で稼ぐことは理屈として可能だからである。しかし石森プロのマネージャーと名乗って活動する以上、周囲からの目線は厳しくなるに違いない。とくに日本においては、アーティストとマネージャーは主従関係と見られがちである。そうした状況で次のような事件が起こった。

ショッカーO野がそのてんまつを語る。

「仮面ライダーの二頭身アニメキャラというアイデアがあって、この話が盛り上がっていたんです。でも石ノ森先生も知らないし、東映の担当者も知らない。バンダイが勝手にやっているということなんです。いろいろ調べてみたら、加藤氏が動いていたんですね。そこに講談社も絡んでいたし、当時は『仮面ライダーBLACK』のころですから小学館も絡んでいた。ぼくはさっそく石ノ森先生に報告しましたよ。亮徳さんもぶちきれていましたね。

それで、バンダイの村上克司さん、講談社の重役、小学館の重役、石森プロからは先生とぼくをふくめて三人のマネージャーが渋谷のホテルに集まったんです。そこに加藤氏もいて、あまり悪びれたふうでもなく会合を仕切っていたんですけど、そのうちに悪者扱いされている村上さんがプチッときたみたいで、『加藤さん、この企画は加藤さんが持ってきた企画ですよね』とひとこと釘を刺したんです。それでことの成り行きを理解した先生はこういったんです。『加藤はもう石森プロをやめて、いまのマネージャーはここにいる三人だ』と。お歴々の前でそう断言したんですよ」

おそらくこのトラブルは決定的なものではなかったはずだが、代理人、あるいはマネージャーという立場の複雑さを感じさせる。ましてマネージャーが独立したプロフェッショナルとして動く場合はなおさらである。よかれと思って自主的に進めた企画でも、勇み足と見られればクライアントである石ノ森への裏切り行為になる。

とはいえ、加藤の仕事面での評価が落ちることはないだろう。渡邊との強固な信頼関係をふくめ、加藤が長きにわたって石ノ森の活動を助けたことはたしかなのである。

平山亨はショッカーO野にこう語ったという。

「加藤さんという人は先見の明があった。ライダー人気が落ち始めたときもそうだけど、番組が終わりに近づくといつも食事やゴルフに誘われて、こんなのどうですか、と企画書を見せられる。加藤さんはおれをまったく休ませてくれなかった」

さらにショッカーO野は、東映と石ノ森の関係についてこう語る。

「一時、ライダーが途切れたときに内々で亮徳さんから聞いたことです。『石森プロとは必ず番組を年に一本はやる。ライダーをヒットさせた貢献もあるから』と。それで『ロボット8ちゃん』『バッテンロボ丸』のような、ふしぎコメディーといわれる石ノ森作品のシリーズが続いたんです。その着ぐるみ関係は大野剣友会です。これも十五年ぐらいやったけど視聴率が落ちてアニメ枠に変更されたんですね。それ以降は大野剣友会と東映のつきあいもなくなりました」

石森プロと東映のビジネス関係は、その密度の濃さといい、期間の長さといい、テレビ界でも異例のものである。石ノ森章太郎と加藤昇というふたりのパイオニアが残した財産は、それほど大きかったということになる。

三位一体

特撮番組、おもちゃ、子供雑誌の三位一体の関係はじつにわかりやすくできている。七〇年代以降は経済成長で大人の可処分所得が増え、さらに子供が増え続け、みなが勝者になれたのである。野中剛は最もいい時代におもちゃ業界入りしたわけである。

「ぼくとしては、出版との関係はとても大事にしていました。七〇年代から九〇年代は『テレビマガジン』とか『たのしい幼稚園』とか、テレビキャラクターをグラビア展開することで部数を稼ぐ雑誌が強くなった時代です。とくに懸賞ですね。おもちゃ大懸賞。『マジンガーZ』一〇〇名様プレゼントのような派手なことをやって応募がどんどん来た時代です。

おもちゃ会社と出版社はいい相棒関係だったと思います。ぼくが入社したころは、もうすぐ

『スーパー戦隊』が十周年、『メタルヒーロー』が六作目。バンダイ側の発案で、もしくはバンダイと東映の強力なパートナーシップで東映特撮作品が成立するかたちができあがっていました。バンダイの担当者はおもちゃが売れてほしいから、誌面でかっこよく紹介してもらいたい。とくに追加戦士や戦隊が2号ロボを出したりするとき、それが何月に解禁されるのか出版社は知りたいわけです。それによって雑誌に付録のお面をつけたりしますから。でも東映に行っても教えてくれないから、こっちに聞いてくる。出版社は情報源としておもちゃ屋と仲良くしておきたいわけです。

あとは特別な景品ですね。七〇年代だったら大人気キャラ一〇〇名様でよかったものが、自社の雑誌でしか手に入らないものを出版社が求めるようになり、こちらもプロモーションの一環になるのであればそれでいいわけです。

ただ当時は『テレビマガジン』のほかに『てれびくん』と『テレビランド』もありましたから新キャラ登場のタイミングなんかは変なえこひいきがないようにすごく気にしましたけどね」

出版メディアから見たおもちゃ事情を高林文雄はこう語る。

「雑誌がおもちゃとふれ合うところはやはりプレゼントですよ。売れているライダーの変身ベルトをいっぱい出してもらえると雑誌サイドはうれしい。バンダイとしては新しいベルトを企画ページで取りあげてもらえれば宣伝になる。

従来はそういったバーターがメインでしたけど、平成ライダー以降、変身ベルトに連動アイテムがつくんです。変身に必要なコインとかカードとか。もちろんこれはバンダイがつくるんですけどね。これを各幼児誌が付録につけ始めた。いわゆる本物付録です。このコインやカードを変身ベルトに入れると、ほかで売っている商品では出ない音がするんです。オリジナルアイテムですよね。アイテムをベルトに入れたら『テレビマガジン』という声が出るようにしましょうとバンダイが提案して、それを付録につけたら『テレマガ』が二日で完売しちゃった。むかしよりはバーターも複雑になりましたから、担当者は神経を使いますよね」

一般アイテムがある程度行き渡れば、次はオリジナルアイテムに注目が集まるのは当然である。その流れはほぼ全業種に当てはまる法則といっていい。野中がたずさわった超合金魂のシリーズも、その延長上で開発されたものと見られる。

「九七年に超合金魂のマジンガーZを出しているんですけど、その二年くらい前からフィギュアブームが起きていました。アメリカのマクファーレントイズという会社が、スポーンというキャラクターを従来にない造形のリアリティーで商品化した。これが裏原宿といわれる場所を中心にファッション雑貨として非常にはやりました。ちょうど、エアジョーダンのスニーカーなどでエラー商品がむしろ貴重品になるといった、不思議な価値観が生まれたころです。

これが昭和レトロにつながる。それでやっぱりマジンガーZじゃないかということで九七年に売り出したんですけど、超合金魂は当時はやっていた単純な復刻ものじゃなくて、むかしの超合金よりぜんぜんかっこよく、凝っているつくりにしたんです。子供にはさわらせないで、お父さんがお酒を飲みながらいじるようなおもちゃ。それが契機となっていまに続き、日本経済がコロナで停滞してもプラモデルやフィギュアなどのホビー商品は隆盛です」

超合金魂シリーズは、二万円前後から四万円近くの定価がつけられている。狙う客の年代層も値段もまさにハイターゲットなのである。結局、こういった商品の購買層も七〇年代から続くジャリ番の影響下で育ってきた人々である。

おもちゃ業界のライダー愛

ところで、仮面ライダーとおもちゃ業界の今後を野中はどう見ているのだろうか。

「ぼくが就職活動をしていた八六年の時点での話です。バンダイの会社説明会に行ったら、アパレルとか新規事業のビデオを見せられるわけです。バブルのころですから、パーティーグッズなんかもしきりにプレゼンしていたんです。バンダイはこんなに柔らかい会社ですよって。ぼくは超合金志向だからちょっと違うかなって思いましたけどね。

それでタカラへ行くと、バンダイの批判から始まるんです。多方面に事業を拡大している会社もあるけど、うちは〝拡本業〟ですと。最初は名指しこそしないものの、質疑応答になったらバンダイの名前を出して批判していましたね。バンダイみたいにあちこち向いて仕事をするんじゃなくて、タカラは本業一筋だと。まあ、頼もしいけど、ちょっと露骨だなあと思いましたね。当時、バービーとジェニーの〝人形裁判〟もありましたから、そういう敵対心もあったんでしょうけどね。

ぼくは先にバンダイに決まったんですけど、一番人気なのはもちろんビデオゲーム事業部。有名ゲームメーカーに入れなかったような人が、すべり止めとして入ってきている。でも、ガンダムをつくりたいという人は間違いなくいました。ただし、そういう連中は静岡工場（ガンプラの専用工場）枠の面接もあったからそちらへ行って、まあウルトラマンをつくりたいとか、そういう連中はひとりたりともいなかった。みんなテレビキャラクターに熱中していた時代はあるはずなのに、ぼくはそれがちょっといやだった。だから超合金魂や平成ライダーの企画をやっているとき、積極的にメディアに出たんです。

ビデオゲームに人気がある理由は、『ファミ通（ファミコン通信）』なんかで、ゲームのプロデューサーさんが、すごいクリエイターとしてインタビューに答えている。それを見てきっと憧れている人はいるんだろうと。自分も村上さんのインタビュー記事を見てこの業界に入ってきていますからね。平成ライダーも当たって取材依頼は増えていましたから、『おれがデザインを描いておもちゃをつくっているんだぜ』と、広報的な張りぼてじゃなく本気でメッセージを発信したわけです。そうやって仕事をしているうちに、仮面ライダーの大人向けビジネスが成功したこともあって、いまバンダイに入社を希望する学生さんは胸を張って『変身ベルトがつくりたい』とおっしゃるそうです。

時代は変わったなあと思いますよ。むかしは『仮面ライダーが好き』なんてことをいったらハネられていた。いまでは『ただのオタクはいらないけれども、オタク的な気質は歓迎』される時代なのかもしれません」

グローバルという言葉の神通力が薄れてきた現在、個人技としての究極的なこだわり、すなわちオタク気質が評価されることは間違いない。特撮やアニメに限らず、時代を動かすクリエイティブの原動力は最終的に〝個人技の結晶〟にほかならないからである。

ガンダム買収

おもちゃ業界では、生き残りのためのM&A（合併買収）も盛んに行われている。そしてバンダイはその急先鋒に立っているのである。

野中はその状況をどうとらえているのだろうか。

「バンダイがやっていることは敵対的な買収ではないんですけどね。でもはたから見ていると、まるでカネにものをいわせて、札束で相手のほっぺたをたたいているように思えるかもしれませんね。サンライズの買収もそう見えたかも」

サンライズは虫プロOBが創設したアニメ制作会社で、なんといっても『機動戦士ガンダム』を生み出した会社である。その伝説的な会社を九四年にバンダイが買収したことは、関係者にとって衝撃的なできごとだったのである。

ここで、買収当時サンライズの企画室に在籍していた山田哲久が語る。

「当時のサンライズには、伊藤昌典（会長）、山浦栄二（社長）、岩崎正美（専務）という三人の創業者がいました。かれらは手塚プロとか、『宇宙戦艦ヤマト』のオフィスアカデミーが破綻した状況を見てきたので堅実な経営を心がけていました。だから経営は順調で給料もほかのアニメプロより高かったんです。

それでも、これからのアニメ界は強い資本力がなければ、ものづくりと経営の両立は難しいと考えていたのでしょう。競争力を高めるためには経営基盤の強化が必須だということでしょうね。テレビ局からは版権収益の要求が強くなっていたし、『エヴァンゲリオン』という大ヒット作が無名に近い会社（『ガイナックス』）から生まれてきて、アニメ界に新時代が出現したと痛感したのかもしれません。

創業者はみんな年齢的に六十歳前後だったし、苦労もしてきたということで、ガンダムなどの映像資産の売り先を考えたのでしょう。『ガンダム』に続くような大ヒット作をつくり出すのは至難の業ですからね。たぶん『ガンダム』をさらに飛躍させるには大手のパートナーシップが不可欠だと判断したはずです。

サンライズの売却案は伊藤会長の才覚で話が進んだのだと思います。それにしても、バンダイの山科誠会長の決断の早さにサンライズの創業者たちは驚いたといっていました。運も加勢したんでしょうね。売却で得た創業者利益は莫大だと社内外でささやかれていました。

サンライズがバンダイの傘下に入ってから、ガンダムの収益力は以前の数倍まで大きくなりました。創業者たちも驚いたでしょう。でもこういう結果になった要因は山科さんの度胸というか、思い切りのよさです」

サンライズの売却金額は、一説では八十億円といわれている。この金額が高いか安いかは別として、サンライズの創業者にとっては思惑どおりの進展だったはずである。ただしガンダムは広告代理店の創通が著作権の窓口管理を行っていた。したがって創通もガンダムの権利を保持していたのである。

「創通の社長だった那須雄治さんという方も、もともとは巨人軍の代理店をやっていたわけですね。サインボールだとかおもちゃのバットだとかを扱っていた。だから映像制作のようなものづくりよりも、スポンサーと制作側の仲介を果たす版権ビジネスに優れていたのでしょう。那須さんも引退直前に株をバンダイに売ってしまい、いまや大資産を持つ篤志家です」（山田哲久）

この一連の動きには表に出てこない裏事情や当事者たちの様々な葛藤もあったのだろうが、大筋はこのようなかたちで買収が進み、サンライズは伝説のロボットキャラ・ガンダムとともにバンダイ傘下へ移ったのである。

「創通さんが残っていたらややこしいことになっていたけど、結局はバンダイがガンダムの権利を独占できることになった。それはバンダイナムコグループにとって経営的にはよかったと思います。でも商品展開が袋小路に入る可能性はあったんです。よそのライセンシーが入ってこないですから。

ただしそこはやはりガンプラですからね。バンダイは自分たちがガンプラを進化させなきゃいけないという使命感をちゃんと持っていたから、いいかたちでいまだに進化しつづけている。バンダイ独占だからこそ保てるクオリティーまでいっていると思うんですよ。権利をばらまいているだけだとふつうのものしか出てこなかったりするかもしれないし。バンダイ側はサブライセンスも革新的なものに対しては率先して出しているはずなので、いいかたちだったのではないかと、個人的には思いますね」（野中剛）

ガンダムであるがゆえに、受け入れるバンダイ側も相当の覚悟があったわけである。スーパースターのトレードによってチームが格段に強化される場合もあれば、混乱を招くだけの場合もある。現在、「ガンダムをさらに飛躍させてくれ」というサンライズ創業者たちの願いは叶えられている。

当然ながらアニメ制作会社の経営者には様々なタイプがいる。現在、最もクリエイティビティーが高い経営者と思われる庵野秀明とエヴァンゲリオンの関係については次のような声がある。

二十代前半でDVD版の『新世紀エヴァンゲリオン』にはまり、以降、筋金入りのエヴァマニアを自任する徳田健吾が語る。

「ぼくはエヴァンゲリオン一本です。ガンダムもむかしは見ていましたけど、サンライズの買収については関心がありませんでしたね。

でも万が一、『カラー』の社長になっている庵野（秀明）監督がエヴァの権利を売ったりすれば、大変なショックですよ。やっぱりエヴァに対する見方はまったく変わりますよね。断っておきますけど、庵野さんにはおカネ持ちになってもらいたいんですよ。だけどエヴァは庵野さんそのものですから、庵野さんの手元を離れたエヴァには興味を持てないと思います。そんなことは想像したくないですけどね。

ガンダムをつくった富野由悠季監督も作画監督の安彦良和さんも、サンライズの社員とか役員じゃないんですよね。サンライズのクリエイターはみんな外部スタッフだから、バンダイに権利を売ってもガンダムのイメージはあまり変わらないのでしょう。（ガンダムの権利を）売れるときに売って結果オーライなら経営者としてはよかったんじゃないでしょうか。アニメ界ではめずらしく商才に長けていたというか、シリコンバレーのクールな経営者という感じですね。ただ、（売却した）当時のサンライズの社員はどう思ったのかな。富野監督や安彦監督もふくめて、けっこう胸中は複雑だったでしょうけど」

庵野秀明は株式会社「カラー」の代表取締役社長としても数多くの発言を残しているが、ここでは経営理念ともいえるシンプルな言葉を紹介しておく。

「アニメを制作してお金が入ったときは皆で分け合うようにしています。当たらなかったときは皆で貧乏になる。われわれも人気商売なので、そういう考えの下で経営をしています」（「ダイヤモンド・オンライン」二〇一六年十一月十六日）

『新世紀エヴァンゲリオン』を生んだ古巣の「ガイナックス」との間で、いくつもの深刻なトラブル（後述）を経験したうえで庵野がたどりついた経営理念である。

ライダーとおもちゃの世界に話を戻そう。バンダイは東映との関係も途切れることなく継続してきた。両者の間にはどんな変化があったのだろうか。

『仮面ライダー』しかり、ほかの特撮作品もふくめて早い時期から東映とバンダイはおたがいに成功体験があった。だからこそ強いパートナーシップというかたちで一緒に企画をつくり、商品展開をするという蜜月関係が、その後四十年も続いてきたのだと思う。かなり太いパイプでおたがいがつながっていたゆえに平成ライダー二十年、戦隊シリーズ四十年、休まず新作をつくり続けるということを成し遂げている。

「ライセンシーの関係ではあります。一方でクリエイティブの面では、東映とバンダイはずっとライセンサーとしていたころにくらべればフィフティー・フィフティーの関係に近い。ただ、東映さんがだめだといったら、だめなものはだめだし、むかしはバンダイが強かったといっても吉川（進、プロデューサー）さんが信用してくれていた面もありますからね」（野中剛、以下同）

少子化という大問題に直面している現在、〝ウィン・ウィン〟の関係は一夜にして〝ルーズ・ルーズ〟の関係におちいる可能性がある。それは歴史の宿命ともいえるが、とはいってもつねに〝どこかの誰か〟が常識破りの発想で状況を打開することも歴史の真実であることを忘れるべきではないだろう。

決断と権限

かつて村上克司は、玩具の商品化を考える場合、物語のなかで必然性がなければだめだと発言している。その主旨はいまだに本質をとらえているように思われるのだが――。

「それが理想なんです。でも残念ながらそこに達しない場合が多々ある。合議制であればこそ悩むことは多いです。誰かが『これだ！』といっちゃえば、あとは企画を肉付けしていけばいいんだけど、ゼロからやり出すと迷いがあって、おカネを出した側（番組の製作委員会など）からもやっぱりいろいろ注文がついて悩む、という感じでしょうか」

東映でいえば、かつての渡邊亮徳のように鶴の一声でものごとを決める存在は、とりわけ大企業において生まれにくくなってきている。将来が見通しづらい現在、革新的なリスクテイカーは組織の外にいるのかもしれない。

「それができるのは宮崎駿さんと庵野秀明さんだけじゃないですか。むかしのジョージ・ルーカスみたいな感じですけど、この人がこれっていうまでは周囲が意見を出し続けるみたいな。ただ、監督の権限が強いアニメなんかは日本のいいところだという気もするので、豪腕を振るう方がもっと出てきてもいいのかなという気はします」

それでは庵野監督の注目作品『シン・仮面ライダー』について野中はどう見ているのだろうか。

「『シン・仮面ライダー』は庵野秀明監督の作品なので、できあがっているものをどう料理するのか、という感じになっていると思います。個人的にはそこに圧倒的な差があってほしいですね。おもちゃ屋が入れ知恵したものではなくて、物欲を刺激するものでない作品であることを願っています。

逆の話ですが、いまのハリウッドでは、どんなスーパーヒーローものをつくっても、たとえば

『スターウォーズ』でも物欲とはかけ離れたところにある。新しい宇宙船とか、新しい姿のジェダイとか、つくる気はないのでしょうか。ああいう、具体的にほしくなるおもちゃがないような映画を見ると、キャラクターを扱うおもちゃ屋としてはいらいらするんです。映画が面白いか面白くないかは別にして、知恵を絞っていない、新しくない、という意味で」

『シン・仮面ライダー』に対する野中の言葉は、逆説的ながらも力強いメッセージ性をおびている。つまり自分の職業意識は別にして、おもちゃがほしくなるような映画ばかりであってはまずい、と野中は断言しているのである。おもちゃ業界の中心にいるクリエイターがそういった意識を持っていることは、大いに安心感を抱かせる。なぜなら本物のクリエイターは、自分だけに都合のいい世界を望む人種ではないことを心から期待するからである。

終章

そして、夢は受け継がれる

エンタメ宣言

『シン・仮面ライダー』の企画案を庵野秀明が東映の白倉伸一郎プロデューサー、紀伊宗之プロデューサーに渡したのは二〇一八年二月のことだったという。

「東映からなにかやりませんかという話があって、じゃあ『仮面ライダー』をやりましょうと。その話はすぐに決まりましたね。『シン・ゴジラ』のあとだったので、あれで当てていたから話は早かった」（庵野秀明）

庵野秀明監督は、『新世紀エヴァンゲリオン』の制作が一段落したあと、初の実写作品として九八年に『ラブ&ポップ』を発表した。その後は、『式日《しきじつ》』（二〇〇〇）、『キューティーハニー』（二〇〇四）と続き、『シン・ゴジラ』（二〇一六）、『シン・ウルトラマン』（二〇二二）に至っている。

その間、元を取らなくていいと考えて撮った映画は『式日』だけだと庵野はいう。

「あれ（『式日』）は徳間康快社長と一緒にご飯を食べているときに、『元を取らなくていいから好きなものをやってくれ。カネは出す。儲けはほかで取るからいい』といわれまして。まあ（スタジオ）ジブリですけど、宮さん（宮崎駿）が儲けりゃそれでいいということですね。

すごくありがたかったですよ。だからぼくは、じゃあ当たらない映画をつくろう、と思ったんです。あれで〝当たらない映画効果〟を知ったので、ぼくのなかでは気が済んだ。エヴァ（『エヴァンゲリオン』）っぽい内向きの映画はこれでいいやと。あとはもうエンタメでいこうと。自分でもエンタメのほうが向いているとは思っていますけど」

庵野がいう当たらない映画というのはアート系作品という意味である。『式日』の場合は意志を持って当てにいかなかったわけだが、もちろん庵野が金銭感覚無視のアート至上主義者だということではない。現在は約五十名の社員を率いる「カラー」の社長でもあり、経営感覚は堅実かつ鋭い。その点は「シン・シリーズ」に対する考え方を見れば明らかである。

『シン・ゴジラ』は総監督・脚本を庵野が担当し、監督・特技監督を樋口真嗣がつとめた。この作品は二〇一六年七月に公開され、八十二億五〇〇〇万円の興行収入をあげている。東宝製作のゴジラシリーズとしては二十九作目に当たり、国内では『ゴジラFINAL WARS』（二〇〇四）以来十二年ぶりのゴジラ映画だった。

庵野が構想した『シン・ゴジラ』は怪獣映画でありつつ、首相官邸を舞台にしたポリティカル・サスペンスとして描かれており、その新しい視点が成功を呼び込んだ。

この狙いについて庵野はこう説明している。

「本作は想定する予算枠から鑑みても、一般映画にせざるを得ないんですよ。リクープラインを考えると、狭義での怪獣映画として作れないんです」（『ジ・アート・オブ　シン・ゴジラ』）

つまり庵野は、マニア向けに特化した内容の『シン・ゴジラ』では元が取れないと判断していたのである。換言すれば、マニア狙いで元が取れるレベルの作品にするつもりはなかったということになる。そしてこの判断は『シン・ウルトラマン』でも踏襲された。

「企画としては、『シン・ゴジラ』と同じく『一般映画』としての枠組みを目指しました。『ウルトラマン』シリーズの劇場映画はこれまで興収十億を超えた前例がなく、今までの路線の範疇だと制作規模が通常枠を越えないと成立が難しい本作のような企画だとリクープの可能性がかなり低く、厳しいと思います。なので、非常に高いハードルですが、ウルトラマンにさほど興味もなく名前を知っているだけの人にも興行的に届く可能性を上げた企画内容と脚本を目指しました」

(庵野秀明『シン・ウルトラマン　デザインワークス』)

『シン・ウルトラマン』(二〇二二)は興収四十億円突破の大ヒット作となり、日本映画界における特撮ヒーローの存在感を見せつけることになったが、この結果は『シン・ゴジラ』の成功をふまえれば驚くことではないように思われてしまう。しかし逆にいえば、前例なきスタイルで制作された『シン・ゴジラ』はそれだけハードルが高く、未知の領域への挑戦だったわけである。

『シン・ゴジラ』の現場

庵野は『シン・ゴジラ』の制作に当たり、ヒーローの人気頼みという従来の方法論を完全否定していた。

「国産のゴジラ映画も本作で二十九本目なので、企画開発や脚本作業にもある程度のルーティンというか『ゴジラ映画はかくあるべし』みたいな刷り込みや思い込みが開発チームの各人に存在していましたね」(『ジ・アート・オブ　シン・ゴジラ』)

そのため庵野は、撮影現場におけるルーティンの否定と破壊から始めたという。

「ぼくも現場で怒鳴らなきゃいけないときは怒鳴っています。でも、本当に怒って怒鳴ることはまずないですけどね。いま怒鳴っておかないと現場がしまらない、というときだけです。怒っているふりが八割ですけど、本当に怒っているのは二割くらい。

ただ、『シン・ゴジラ』のときはずっと怒鳴っていました。あれは本当に怒っていたんで」（庵野秀明、以下同）

『シン・ゴジラ』の現場で庵野が感じた怒りというのはいったいどういうものなのか。

「映画業界に関しては宿痾《しゅくあ》が大きすぎますね。『シン・ゴジラ』もそうです。現場にはそういうものを感じます。まず現場に若返りがない。スタッフも撮り方のスタイルが固まっちゃっていて、なかなかほかのことをやろうとしても難しい。うちの組はまだ慣れている人が来ているので、めちゃくちゃなやり方でも『しょうがないですね』で済みますけど、それでもやっぱり難しいんです。

それに行政がそんなに協力的じゃないんです。あとは消防法の壁とか、人止めも限界がある。ロケーションももらうないですね。（東京近辺では）撮らせてもらえないんです。許可が下りなくてね。地方に行くとおカネもかかるし、移動日で二日取られると時間がもったいない。

とにかく余裕がないんです。時間もおカネも人間の数も。邦画にいちばんたりないのは余裕なんですよ」

そういった怒りを抱えながらも、『シン・ゴジラ』をたんなるリメイク作品にとどめず、なおかつ興行的にも成功させるため、「日本映画の現場のシステムの中で抗えるだけ抗って、今やれることはやり尽くした感じがします」（前掲書）というほど庵野は制作現場を追い込んだ。
その背景には、次のような考え方がある。
「世間一般から見れば『シン・ゴジラ』は陳腐な子供騙しのニッチな怪獣映画のイメージなんですよ。これは怪獣映画の悪口ではなく、客観的に現状ではそういう認識下にあるという事です。怪獣映画を観た事がない、観る気がない人が世間の大半なんですよ。—中略—『「ゴジラ」は長年認知されているから大丈夫だろう』という声も聞きますが、僕は逆なんですよ。一般客は『ゴジラだから観に行かない』んです。—中略—本作は怪獣が出てくる映画である以上、万人向けではないんですよ。怪獣が特撮が好きなコアなファンから、子供の頃怪獣映画を見ていた記憶がある大人へ、何処まで広がるか、その拡大要素をどこまで作品に盛り込み、宣伝で拡散出来るか、なんです」（同書）
ゴジラというキャラクターが怪獣として有名であればあるほど、逆に観客を限定するマイナス要因になるという発想は、ゴジラ映画をつくり慣れてきた東宝のスタッフには〝コロンブスの卵〟だったのかもしれない。庵野はそこから出発して『ゴジラ』をポリティカル・サスペンスにつくりかえ、『シン・ゴジラ』の大ヒットにつなげたわけである。

さらに庵野は映画界における企画のあり方に警鐘を鳴らす。

「映画界に入って来る人はだいぶ減っていると思います。いまいちばん儲かるのはゲームなんです。漫画も当たれば儲かりますしね。邦画がいちばん難しいんじゃないですかね。そもそも当たっていないですから。当たる企画がないんですよ。当たらないのが前提だと、安くやらなきゃいけない。ともかく当たりそうな企画を出すしかないんです」

実写映画に限定してこの言葉を解釈すれば、当たらなそうな企画を安くつくる悪循環が邦画界の最大の弱点ということになるだろう。それは映画に限らず、出版などもふくめたあらゆる商業作品に当てはまる警鐘に違いない。

サイクロンの観測気球

『シン・仮面ライダー』については、作品の方向性を探るため、制作発表の段階でツーパターンのオープニング映像を公開したのだという。

「あれはプロモーションです。プロモーション映像としてクランクイン前になにをやれるかと考えたときに、オープニングを再現するくらいしか拠り所がなかったんです。あの時点ではバイクとライダーのスーツぐらいしか準備できなかったので、それを無理矢理間に合わせて撮影したわけです。

それで、やるんだったらむかしのオープニングを再現したものと、ほかのアングルで撮ったものでもう一本つくってみようと。お客さんの評判を見たかったんです。五十年前の作品をどこまで踏襲すればお客さんは喜ぶのか、むかしのまんまがいいのか、まるっきり新しいものにしてくれというのか。サイクロンはそのへんの事情を探ることもあって、（初代の）完全コピーに近いものと、まったく違うものとふたつつくりました。お客さんのリアクションを見たかったんです」（庵野秀明、以下同）

要するに庵野は自分の好みや直感で作品の方向性を決めたわけではないということなのだ。そのうえで庵野は二種類のオープニングから次のような結論を得たという。

「両方反応はありましたけど、むかしのことにこだわっているお客さんは、ぼくらぐらいの年齢の人しかいないんですよ。主題歌もむかしの歌がいいのかという気もしたんですけど、思ったほどそういう人がいない。やっぱりごく一部なんです。そういう人だけを相手にすると、ちょっと元が取れない。お客さんをもうちょっと広く取らないとだめだなあというのは、あれでよくわかりました」

『シン・仮面ライダー』は『シン・ゴジラ』と『シン・ウルトラマン』の成功を受けてつくられる特撮映画だが、前二作品とは少し違う要素もある。

「（『シン・仮面ライダー』については）七〇年代を再現してぼくは喜びたいと思った。でもまあ、お客さんはそれを許してくれなくて、新しいものをやれと。だけど新しいものをやるにはおカネがかかるし時間もかかる。頑張らないと、マーベルとかDCと同じ土俵に上がれない。あれと互角の勝負をやらなきゃいけない」

『シン・ゴジラ』と『シン・ウルトラマン』はいずれも巨大ヒーローという日本独特の世界観を持つ作品だった。しかし『シン・仮面ライダー』は等身大ヒーローの作品であり、マーベルコミックの『スパイダーマン』やDCコミックの『バットマン』が相手になる。やはり観客としては、七〇年代の再現よりもアメリカンヒーローと互角に張り合うジャパニーズヒーローを期待してしまうのは当然かもしれない。

庵野は『シン・ウルトラマン』の初期プロット作成において、最大の悩みどころは主人公がなぜウルトラマンと融合するのか、その理由づけだったという。ならば『シン・仮面ライダー』では、なにが課題になったのだろうか。

「いちばんはショッカーです。敵をどうするか、その設定がいちばん難儀でした。五十年前と同じではさすがに難しい。そこをなんとか思いついたので、それでかたちになるかなあと。武器についていうと、ライダーは基本的に徒手空拳ですからねえ。平成になると武器は持っていますけど、あんまり武器を持つと、ほかのヒーローと変わらなくなっちゃう。やっぱり飛び道具は仮面ライダーらしくない」

二〇二二年七月の段階では『シン・仮面ライダー』について発表されている要素は少ない。それも庵野の戦略のひとつである。『シン・ゴジラ』の宣伝方針について、庵野は自分の考え方を明確に打ち出している。

「その（怪獣映画の）認識を変えるのは公開初日以降の口コミ、観てくれたお客さんがどれだけ衝撃を他者に伝えてくれるしかないと思っています。となるとその瞬発力を最大にする為に初見の面白さを全面に押し出すしかない。となると事前の情報としてコアなところは隠し通すしかない。―中略―初日に来てくれるファン、コアユーザーのSNSやネット等の口コミに頼るしかないと考えています。コアな観客を信じるしかないですね」（同上）

これは、従来のゴジラ映画に関する宣伝とは大きく異なる戦略だろうが、庵野の作品観をもとに編み出されたものである。庵野が宣伝も担当する『シン・仮面ライダー』では、より緻密で斬新な仕掛けがすでに進行しているはずである。

「『仮面ライダー』（という題材）で（観客が）来ないと話にならないのでね。『シン・マン（ウルトラマン）』もそうでしたけど、子供のころには見たけど、もう大人になった自分が見るもんじゃないと思っている人が多い。大人になった自分が見てもいい子供の記憶、それを引っぱり出す作品になったらまだいけるかなと。『シン』はそこがうまく作動してくれた。ライダーもそれに近いものにはなります。同じ人間がやっているんで。まあ頑張ります。（東映生田スタジオの）魂は引き継ぎたいと思っています」（庵野秀明）

愚か者の美酒

庵野の言葉を反芻《はんすう》しながら『仮面ライダー』の歴史を振り返ると、東映生田スタジオの存在がいかに大きかったかがわかる。もし『仮面ライダー』が大泉の制作所で撮影されていたとすれば、作品の様相はまったく変わっていたはずなのである。生田周辺の造成地やお化けマンションでの格闘シーンは見られず、所長の内田有作が低予算ゆえに発案したライダーキックもなかったはずである。またエキス・プロが『仮面ライダー』にかかわることもなく、高橋章がつくり出した画期的な怪人のデザインも目にすることはなかった。

そう考えれば、『仮面ライダー』のすべては内田有作の蛮勇から始まったことになる。生田スタジオ開設という困難なミッションに挑むとき、なにひとつたしかなことはなかったにもかかわらず、有作はなんら躊躇せずに走り出した。走りながら次の策を考え、何度つまずいてもなりふりかまわず走り続け、足元が崩れれば前のめりに倒れた。

その間、有作はなんの保証も求めず、成功の見返りはなきに等しかった。一般的な組織人として考えれば愚かな行為といえるだろう。

しかし、人間は賢さよりも愚かさに感動する。賢い人間に感心することはあっても感動はしない。愚かな人間でなければ成し遂げられないことが世の中にはあり、簡単には真似ができないことを誰もがわかっているからだ。アップルの創設者、スティーブ・ジョブズが遺した「貪欲であれ、愚かであれ（Stay hungry, Stay foolish）」という言葉が人々の胸を打つのは、人間には賢く振る舞うこと以上の価値があることをふいに気づかされるからだ。愚かではあっても価値があると思える行動を自分は取れるのだろうか、とこの言葉は問うている。

——二〇一一年七月十六日、仮面ライダー生誕四十周年記念イベントに車椅子で参加して万雷の拍手をあびた有作は、病院に戻ったあと、その日までなんとか生き永らえたことを心から感謝した。これでようやくでかい顔をして父に会えると思ったからだ。

「吐夢よ、あんたは素晴らしい映画監督だった。
でも『仮面ライダー』はもっとすごいんだよ。
四十年たっても、あんなにお客さんが喜んでくれるんだからね。
千年たっても同じことさ。
まあ、その話はもうすぐゆっくり聞かせてやるよ。
そっちの世界で一杯飲みながらね」

内田有作、二〇一一年十二月七日没。享年七十七。
吐夢とともに築地本願寺和田堀廟に眠る——。

墓前に供えられるべきは、二〇一六年三月につくられたこの本である。
『東映の軌跡』編集　東映株式会社　総務部　社史編纂担当
そこには一九七一年のできごととして、次の一節が記載されている。

「『仮面ライダー』の放送が4月3日、毎日放送でスタートした。同作はすぐに子どもたちの心をつかみ、一躍ヒーローの座に躍り出た。原作は稀代のヒットメーカー石ノ森章太郎。(株)東映東京制作所が制作し、生田スタジオで撮影された。斬新なマスクデザインと変身ポーズ、バイクやトランポリンを多用したアクションが話題を呼んで大ヒットを記録。社会現象となり、その後もシリーズ化された」

初めて社史に登場した「生田スタジオ」の文字を有作が目にしたら、吐夢とくみかわす酒の味は、いっそう芳醇なものになるはずである——。

おわりに　庵野秀明と「魂」について

「仮面ライダー1号」が登場して以降の五十年という時間は、いったいどういう意味を持つのだろうか。

歴史学者の有馬学（九州大学名誉教授）は、過去を理解するうえで「〈過去〉が〈外国〉であることは前提」（『帝国の昭和』）と述べ、五十年前の文化は外国の文化と考えていいほどの異文化だと論じている。たしかに、実感としてうなずける話ではある。十歳、二十歳ほどの年齢差でも、その言動に接すると別の国から来たのか、と思うような日本人にしばしば遭遇するからである。そうなると、五十年という異文化の壁を乗り越えてきた仮面ライダーの存在感はいっそう際立ってくる。

一方、「強いものが生き延びたのではない。変化に適応したものが生き延びたのだ」という論法がある。適者生存の法則にもとづくこの論法は、死屍累々のテレビ・ヒーローのなかで、仮面ライダーがいかにうまく時代の変化に適応してきたかを印象づける。

とはいえ、仮面ライダーの際立った存在感も、時代への適応能力も、結局は人間の手でつちかわれてきたものである。五十年前に生まれたヒーローを代々のスタッフが受け継ぎ、育て上げてきた結果、いま仮面ライダーは不滅のヒーローとして存在している。

庵野秀明監督は、「（東映生田スタジオの）魂は引き継ぎたいと思っています」と語った。

この言葉にただならぬ重みを感じるのは、庵野が自分の名を冠した特撮展の開催や特撮博物館の開設に尽力し、盟友である樋口真嗣監督たちと一緒に、本気で先人の魂を受け継ぐべく行動を起こしているからだ。その心の底を探るには、庵野自身が映像業界で過ごしてきた激動の日々を知る必要がある。

大阪芸術大学で自主製作アニメに熱中していた庵野は、上京して『風の谷のナウシカ』（一九八四）などのアニメーターをつとめたあと、関西の映像制作仲間たちとともにアニメ制作会社「ガイナックス」を立ち上げた。その目的はアニメ映画『王立宇宙軍　オネアミスの翼』（一九八七）を制作することだったが、このガイナックスがのちにテレビアニメ『新世紀エヴァンゲリオン』（一九九五）の制作母体になる。

『エヴァンゲリオン』は社会現象といわれるほどの大ヒットになり、ガイナックスは版権ビジネスなどで大きな収益を得ることになった。しかしこの収益は制作現場に還元されなかったばかりでなく、幹部の放漫経営によって浪費され、次第にガイナックスの経営も傾いていく。作品至上主義で形式的な役員にしかすぎなかった庵野はこの時点で初めて経営の実態を知り、一貫して改革案を提言するものの、ほとんど実行に移されることはなかった。そして二〇〇六年、『ヱヴァンゲリヲン新劇場版』の製作に当たり、庵野はついにCMディレクター出身の轟木一騎とふたりだけで株式会社「カラー」を立ち上げることになった。その経緯を庵野は次のように述べている。

「一番の理由は製作費を管理し、スタッフ、社員への福利厚生や、作品が当たった時の功労者への還元などをきちんと実行したかったからです。そのために自分自身の考えを直接反映し責任を持てる新たな会社として『株式会社カラー』を立ち上げました」(「ダイヤモンド・オンライン」二〇一九年十二月三十日、以下同)

庵野は『新世紀エヴァンゲリオン』というテレビアニメ史上に残る大ヒット作を生み出した結果、初めて経営の重要性に気づいたのである。

庵野はカラーの社長になったあとも、経営危機が続くガイナックスに対し無利子無担保に近い条件で一億円の融資を行うなど、できる限りの支援を続けた。

「そんな条件で会社のお金を貸すわけですから、自分でも『経営者としてはどうなんだ』とあきれるような判断です。しかし(ガイナックスの社長・山賀博之は)学生時代からの友人ですし、アニメーション業界の一員として苦しい会社を支援したいという気持ちからの融資でした。長い間お世話になった会社への恩返しの意味もありました」(カッコ内は筆者追記)

しかしガイナックスはますます混乱を深めたあげく、外国企業に身売りするという動きも見えてきた。そうなると庵野がガイナックスに預けていた制作資料や権利が散逸するおそれもあり、現にその一部は売却されてしまっていた。そこで庵野は資料や権利を保全するためやむなく裁判に訴え、ガイナックスから苦い勝利を得ることになった。

庵野がたびたび語ってきた「感謝」や「恩返し」は口先だけのきれいごとではない。古巣であるガイナックスへの並々ならぬ配慮も、膨大な手間と時間を要する特撮展の開催も、さらに観客を裏切らないため命を削るように自分を追い込んでいく制作スタイルも、その根底には先人に対する感謝と恩返しの気持ちがある。「魂を受け継ぐ」ということは、そういう命がけの行為なのである。そして庵野が小学生時代に抱いた憧れを『シン・仮面ライダー』という作品に結実させるまでの五十年は、みずから選んだ生き方とはいえ、まさしく命がけの時間だったのである。

番外編という趣旨になるかもしれないが、もうひとり別のかたちで魂を受け継いだ人物を紹介しておこう。内田有作の妻・千鶴子である。いうまでもなく千鶴子は有作の人生に欠かせないパートナーだったが、ふたりは夫唱婦随という関係ではなかった。

千鶴子は四三年、千葉県千葉市の開業医の長女として生まれ、六六年に早稲田大学第一法学部を卒業後、画廊勤務などを経て七六年に有作と結婚した。挙式直前の悲劇については先述したとおりだが、有作の兄・一作の妻であり、千鶴子の学友として有作との仲を橋渡しした久美子の突然の事故死は、ふつうなら思わず挙式をためらわせるほどの衝撃だったはずである。しかし千鶴子は意志を変えることなく、結婚式は予定どおり執り行われた。このあたりに千鶴子の強さを感じ取れる。

有作は結婚当時すでに東映を退社していた。その後の有作はしばらく過去の因縁にとらわれて迷走を続けるが、千鶴子は有作を突き放しもせず、かといって有作の世界に入り込むこともなかった。千鶴子にとって、東映生田スタジオにまつわる人々やできごとは別世界のものであり、そこから受け継ぐべきものはなにも見出せなかったことになるだろう。したがって千鶴子が生田スタジオの元スタッフに顔を見せることはほとんどなく、後年に催された仮面ライダーの関連イベントにも参加していない。有作との間に子供がいなかったことも影響した可能性はあるが、千鶴子は自立した女性の立場を変えなかった。そんな千鶴子に転機が訪れたのは、結婚三年目の七九年に入ってからである。

千鶴子は自著『写楽・考』にこう記している。

「私と写楽との出会いは昭和五十四年四月に遡る。当時私は、故内田吐夢（映画監督）の次男有作に嫁いでいたのであるが、ある日吐夢の残された原稿の中に未投函の『写楽映像化』の手紙を発見したのである。手紙はシナリオライター水木洋子氏に写楽のシナリオを依頼したものであった。

内容は吐夢の写楽映像化の構想と、具体的なストーリーの展開についてであった」

東洲斎写楽は謎の浮世絵師である。江戸時代中期の寛政六年（一七九四）から寛政七年（一七九五）にかけた約十ヵ月の間に一四五点余りの作品を発表し、とりわけ大胆なデフォルメを駆使した役者絵は大首絵と呼ばれ後世の芸術家にも多大な影響を与えるほどのインパクトを残した。しかし写楽は短期間のセンセーショナルな活動を終えるやいなや忽然と姿を消し、二度と浮世絵の世界に戻らなかった。そんな写楽の出自や経歴は長い間謎とされてきたのである。

内田吐夢は最晩年になって写楽の映画化に激しい執念を燃やしたものの、夢を果たせぬまま他界した。そして吐夢の魂は千鶴子が受け継ぐことになった。

千鶴子の写楽に対する研究態度は趣味の域にとどまるものではなく、学究の徒そのものだった。歴史マニアの間で徐々に写楽の正体探しがブームになっていくなか、「写楽の素姓が明らかでないめ、推理もどきの手っ取りばやい論法の写楽本執筆には、さして時間がかからないだろう」（前掲書、以下同）と、にわかブームを容赦なく斬り捨て、「私は、写楽を発想で捉えるよりも、どうしても真実が知りたいという一心から、必然的に実証という方法を取った」と千鶴子は記している。

ほぼ独力で資料を探索しながら研究を進めた千鶴子は、八三年、雑誌『歴史と人物』に「写楽＝能役者新資料」を発表。その学説は写楽の謎を解き明かす有力な手がかりとされている。その後、千鶴子は『写楽・考』をはじめ計七冊の写楽関連本を出し、二〇二二年に亡くなるまで浮世絵研究の第一人者として認められていた。

有作は千鶴子が吐夢の遺志を継いだことに満足し、研究成果を誇りにしていたはずだが、そのことをみずから進んで話題に取り上げることはなかった。有作は東映生田スタジオの魂を語り継ぐことに熱中し、千鶴子は内田吐夢の魂を受け継ぐべく写楽研究に心血を注いだ。この夫婦はこうしておたがいのスタンスを認め合いながら寄りそっていた。

本書の執筆に取りかかった当初、筆者は「魂」という言葉の使用をためらっていた。この言葉を軽々しく扱うべきではないし、「魂を受け継ぐ」という表現にも、その行為にも、たしかな実感を持てなかったからだ。

しかし仮面ライダーの五十年にわたる歴史を俯瞰すると、どうやら魂という言葉以外では表現しづらいものが受け継がれていると感じ始めた。この場合の魂には熱意や愛情という要素のほかに、執念や狂気という人間の業もふくまれる。つまり本物の魂は簡単に受け継がれるものではなく、強い意志と覚悟を持つものがそれを受け継ぎ、尋常ならざる闘いを経て、かろうじて次世代に受け継がれていくものなのである。

『仮面ライダー1号』から『シン・仮面ライダー』に至る五十年は、無数のランナーが傷だらけになって魂のバトンを受け渡す時間だった。本書に登場したスタッフ、演者、クリエイターたちの闘いにふれて、ようやく実感したことである。

本書のしめくくりとして、『仮面ライダー　資料写真集 1971-1973』(企画・責任編集　庵野秀明)に寄せられた庵野秀明監督の文章を一部紹介しておこう。

「小5の冬、自宅がアパートの2階に引っ越したのを幸いに、一人で外階段を使ったライダーごっこをして遊んでいた。

変身ベルトは高くて買えなかったのでボール紙と布で回転機能付きを自作し、一人で変身ポーズをとって遊んでいた。

霜降山方面にあった造成地や法面の斜面に行き、一人で転がって遊んでいた。

自転車のリアにビニール製のパラシュートを付けて、一人で急制動を試して遊んでいた。運動音痴だったので、遊びながら早くショッカーに改造されたかった。

中学時代に特撮ヒーロー物から一人卒業できず、高校3年生の時に8ミリフィルムで5分弱の特撮ヒーロー物のパロディ作品を自主制作した。

20代前半に自主制作映画での『仮面ライダー』のリメイクを企画していた。

20代前半に縁あって模型情報誌で仮面ライダー旧1号のコスプレをさせてもらった。

半世紀以上前からの『仮面ライダー』に対する想いと恩返しの集大成が、本書と映画『シン・仮面ライダー』です。―後略―」

この豪華写真集の発行日は、『シン・仮面ライダー』の公開まで一ヵ月あまりに迫った二〇二三年二月十日とされている。庵野監督の気持ちそのままのメッセージで解説は不要と思われるが、一点だけ、文末の署名が「本放送からの仮面ライダーファン　庵野秀明」となっていることを追記しておく。

謝辞

本書の取材はすでに記したとおり筆者と山田哲久氏の共同作業でした。さらに山田氏には原稿執筆時の有効な助言を多々いただきました。また、講談社第一事業局の木原進治氏には本書の企画段階から発刊まで一貫してお世話になりました。記して感謝する次第です。

そして、取材に応じていただいたすべての皆様に心よりお礼を申し上げるとともに、惜しくも急逝された「ＴＡＲＫＵＳ《タルカス》」の高橋和光氏のご冥福を改めてお祈りいたします。

本書で試みたことは、日本固有の特撮文化をつちかってきた人々の群像劇を描くことであり、同時に、仮面ライダーというスーパーヒーローの誕生が個々の人生と社会に与えた影響を追うことでした。先人たち、および現役クリエイターの苦闘の歴史と成果をよく伝え得たかどうか、評価は読者諸氏にゆだねるのみです。まずは、本書を手に取っていただき深く感謝申し上げます。

ありがとうございました——。

二〇二三年三月

牧村康正

主な参考文献

・『アジアの仮面』廣田律子・編（大修館書店）
・『私説　内田吐夢伝』鈴木尚之・著（岩波現代文庫）
・『夢を吐く　人間内田吐夢』太田浩児・著（社会思想社）
・『仮面ライダー　怪人大画報２０１６』（ホビージャパンムック）
・『仮面ライダー　冒険王』ＴＡＲＫＵＳ・企画／編集（秋田書店）
・『仮面ライダー名人列伝』平山亨・著（風塵社）
・『証言！仮面ライダー昭和』講談社・編（講談社）
・『石ノ森章太郎の漫画家入門』石ノ森章太郎・著（秋田文庫）
・『大野剣友会伝』岡田勝・監修（風塵社）
・『チャンバラ時代劇における「殺陣」の変遷』小川順子・著（国際日本文化研究センター）
・『伊上勝評伝　昭和ヒーロー像を作った男』井上敏樹／竹中清・著（徳間書店）
・『「月光仮面」を創った男たち』樋口尚文・著（平凡社新書）
・『ネオンサインと月光仮面』佐々木守・著（筑摩書房）
・『紙芝居昭和史』加太こうじ・著（岩波現代文庫）
・『紙芝居　街角のメディア』山本武利・著（吉川弘文館）

・『仮面ライダーから牙狼へ』大下英治・著（竹書房文庫）
・『哀愁の満州映画』山口猛・著（三天書房）
・『ヒーローたちの戦いは報われたか』鈴木美潮・著（集英社文庫）
・『KODANSHA Official File Magazine 仮面ライダー vol.1〜vol.11』（講談社）
・『仮面ライダーSPIRITS 受け継がれる魂Ⅰ・Ⅱ』石森章太郎プロ監修／村枝賢一・漫画（講談社）
・『仮面ライダーをつくった男たち 1971・2011』小田克己・取材脚本、村枝賢一・漫画（講談社）
・『金城哲夫 ウルトラマン島唄』上原正三・著（筑摩書房）
・『ウルトラマン誕生』実相寺昭雄・著（ちくま文庫）
・『ウルトラマンが泣いている』円谷英明・著（講談社現代新書）
・『円谷皐 ウルトラマンを語る』円谷皐／鍋田紘亮・著（中経出版）
・『ウルトラマン対仮面ライダー』池田憲章／高橋信之・編著（文藝春秋）
・『ふたり』唐沢寿明・著（幻冬舎文庫）
・『変身』フランツ・カフカ・著 原田義人・訳（青空文庫）
・『超合金の男 ―村上克司伝―』小野塚謙太・著（アスキー新書）
・『庵野秀明 パラノ・エヴァンゲリオン』竹熊健太郎・編（太田出版）
・『庵野秀明 スキゾ・エヴァンゲリオン』大泉実成・編（太田出版）

・『電子書籍版　ジ・アート・オブ　シン・ゴジラ』庵野秀明・企画／責任編集（株式会社カラー）
・『シン・ウルトラマン　デザインワークス』庵野秀明・監修（株式会社カラー）
・『東映の軌跡』東映株式会社　総務部　社史編纂担当（東映株式会社）
・『帝国の昭和』有馬学・著（講談社学術文庫）
・『写楽・考』内田千鶴子・著（三一書房）
・『週刊平凡』（一九七二年六月二十九日号）
・毎日新聞夕刊（一九七二年九月十八日　一九七四年二月二十三日）
・読売新聞朝刊（二〇一〇年四月十八日）
・ブログ「此処にスタジオがあった頃」中英之

装丁　川名 潤

著者略歴

牧村康正（まきむら・やすまさ）

1953年、東京都に生まれる。立教大学法学部卒業。竹書房入社後、漫画誌、実話誌、書籍編集などを担当。立川談志の初の落語映像作品を制作。実話誌編集者として山口組などの裏社会を20年にわたり取材した。同社代表取締役社長を経て、現在フリージャーナリストとして活動する。著書には『「ごじゃ」の一分　竹中武　最後の任侠ヤクザ』『ヤクザと過激派が棲む街』（ともに講談社）、共著に『「宇宙戦艦ヤマト」をつくった男　西崎義展の狂気』（講談社＋α文庫）がある。

「仮面《かめん》」に魅《み》せられた男《おとこ》たち

2023年３月23日　第1刷発行

著　者　牧《まき》村《むら》康《やす》正《まさ》

協　力　山田哲久

発行者　鈴木章一

発行所　株式会社 講談社

〒112-8001　東京都文京区音羽2-12-21

電話　編集 03-5395-3522

販売 03-5395-4415

業務 03-5395-3615

印刷所　株式会社 新藤慶昌堂

製本所　大口製本印刷株式会社

定価はカバーに表示してあります。

落丁本・乱丁本は、購入書店名を明記のうえ、小社業務あてにお送りください。

送料小社負担にてお取り替えいたします。

なお、この本についてのお問い合わせは、第一事業局企画部あてにお願いいたします。

本書のコピー、スキャン、デジタル化等の無断複製は著作権法上での例外を除き禁じられています。

本書を代行業者等の第三者に依頼してスキャンやデジタル化することは
たとえ個人や家庭内の利用でも著作権法違反です。

複写は、事前に日本複製権センター（電話03-6809-1281）の許諾が必要です。

Ⓡ〈日本複製権センター委託出版物〉

©Yasumasa Makimura 2023, Printed in Japan

ISBN978-4-06-531274-2

KODANSHA